名字ずかん

監修 森岡浩

ほるぷ出版

もくじ

4 監修のことば
5 名字ランキング トップ500

第1章

名字のはなし ………… 15

16 Q1 名字って、何？
18 Q2 名字はいつからあるの？
20 Q3 同じ名字のひとは、親戚？
22 Q4 名字はぜんぶでいくつある？
24 Q5 どうして日本の名字は多いの？
26 Q6 名字って、変えられるの？
28 Q7 外国の名字は、どうなっているの？

34 ほんとにある？漫画の主人公の名字	84 もらった名字
43 この名字、読める？	90 日付の名字
58 夫婦の名字	94 十二支の入った名字
62 日本でいちばん短い名字と長い名字	101 「鬼」のつく名字は海賊が由来？
76 北海道と沖縄の名字	104 五十音で最初と最後の名字
77 めずらしい名字の地区	118 あたらしい名字ができるとき

「名字の由来っていろいろあるんだね!」

第2章

名字ずかん ……… 35

- 36 ずかんの見方
- 38 🔵 地形の名字
- 59 🟠 建物の名字
- 64 🟤 地名の名字
- 78 🟣 方位の名字
- 82 🩷 色の名字
- 83 🟢 縁起のよい名字
- 86 🟩 植物の名字
- 91 🟧 動物の名字
- 96 🟦 職業の名字
- 102 🔵 藤原氏由来の名字

第3章

名字の由来をしらべてみよう! ……… 105

「戸来くんの名字がどこからきたのかしらべてみよう!」

119 名字さくいん

監修のことば

　みなさんは、自分の名前（下の名前）の由来は知っていますか？ もし知らなかったら、親御さんや家族に聞いてみましょう。きっと、名づけた理由を教えてくれます。名前には子どもに対する親の思いが込められています。

　では、名字の由来も親に聞いたらわかるでしょうか。残念ながら「わからない」という答えが多いのではないかと思います。それは、名字をつけたのは親ではないからです。

　名字はいったいいつからあるのでしょうか。江戸時代以前、武士以外は名字がなかった、という話を聞いたことがあるひともいるかもしれません。でも、いまではそれはまちがいだったことがわかっています。江戸時代、武士でなくても多くのひとは名字をもっていました。武士や公家などの身分の高いひと以外は、正式な書類に名字を書くことができなかっただけです。お墓を見ると、農民でも「○○家の墓」と名字が彫ってありました。

　こうした名字が誕生したのは、いまから1000年以上前の平安時代のことでした。最初は武士や公家が使いはじめたのですが、やがて名字を名乗る習慣は、農民にも広がっていきました。戦国時代には、名字を名乗る習慣は広く行きわたっていたと思われます。

　江戸時代より前は、名字を自由に変えることができました。住んでいる場所が変わったりすると、心機一転、名字を変えることもめずらしくありませんでした。名字の数は、こうしてどんどん増えていったのです。

　明治時代になって、戸籍という制度ができると、全員が、戸籍に名字と名を登録することになりました。それ以降、名字を変えることは、原則として禁止となったのです。

　このとき、名字として何を登録していいのかわからなかったために、お寺のお坊さんが村びとに魚や野菜の名前を適当につけた、という話があります。しかし、これは笑い話にすぎません。国民の大多数は、それ以前から、先祖代々受けついできた名字をもっていましたから、それをそのまま戸籍に登録しました。つまり、名字とは、わたしたちの数代前の先祖が適当につけたわけではなく、もっと長い歴史をもっているものなのです。

　わたしたちの名字には、先祖から子孫に向けてのメッセージがこめられています。名字のルーツを知ることで、一族の歴史に思いをはせてみてください。

姓氏研究家　森岡　浩

名字ランキング トップ500

日本で名乗っているひとが多い
名字ランキングトップ500を紹介します。
日本の名字は10数万種ともいわれていますが
このトップ500で人口の59.1％！
自分の名字やお友だちの名字、
有名なあのひとの名字が何位にあるのか、
ぜひ見てみてください。

ランキングの注意点

●旧字体の漢字と常用漢字の名字は、同じ名字として数えています。
　例：渡辺、渡邉、渡邊など。

●同じ漢字でも、ちがう読み方の名字は、ちがう名字として数えています。
　例：上村（うえむら、かみむら）など。

●読み方がにごる名字とにごらない名字は、同じ名字として数えています。
　例：中島（なかじま、なかしま）など。

＊ランキングの項目に解説がない場合、由来がはっきりわかっている名字の多くは
　第2章で解説しています。それ以外は、おもに全国のあちこちにある地名が由来の名字です。
　自分の祖先がどのあたりに住んでいたかといったことや
　第3章をヒントに、由来を探ってみてくださいね！

トップ 1 → 100

2位 鈴木
紀伊半島の熊野地方で、刈りとった稲をつみあげたものを「すずき」といったことに由来する名字です。鈴木といえば、世界的メジャーリーガーのイチロー選手（1973年～）は、「鈴木一朗」さん。日本で2番目に多い名字なので、ほかの選手たちにうもれないよう「イチロー」で選手登録したといいます。

3位 高橋
むかしは渓谷などにかけた高い橋はとても目立ったことから地名になることも多く、そこから名字になりました。大和国添上郡高橋（現在の天理市）がルーツの「高橋」さんは、孝元天皇の皇子・大彦命の子孫が住み、名乗ったことに由来。ほかにも、高橋の名字のルーツとなった地名は各地にあるため、全国ランキングでも上位に入っています。

15位 斎藤・齋藤・斉藤・齊藤
38位の「斉藤、齊藤」も同じルーツで、藤原家の一族が伊勢神宮の斎宮頭になったことから生まれた名字です。もとは「齋」の字でしたが、むずかしいため簡単にした「斎」と、似ている「斉」を使ったことから、文字のちがう「さいとう」さんがたくさんできました。ちがう漢字を合わせると10位になる名字です。

35位 村上
信濃国更級郡村上郷（現在の長野県埴科郡坂城町）がルーツですが、愛媛県松山市から東予地方、熊本に多い名字。南北朝から戦国時代にかけて瀬戸内海で活動した海賊・村上水軍の子孫が多いと考えられています。

39位 坂本
「坂のふもと」をあらわす地形由来の名字で、全国で見られます。坂本龍馬（1836年～1867年）は、土佐藩の下級武士の生まれでしたが、本家は裕福な商家でした。いまでこそ幕末の英雄として名を残す龍馬ですが、14、5歳まで「おねしょ」が治らなかったそう！

46位 三浦
由来は相模国三浦郡三浦（現在の三浦市）。かつては「御浦」と書き、平安時代後期の武将・村岡為通が名乗りました。

クイズ 1
トップ500の名字で、漢字3文字は何がある？（答えはP14）

順位	名字	よみ
1	佐藤	さとう
2	鈴木	すずき
3	高橋	たかはし
4	田中	たなか
5	渡辺、渡邊、渡邉	わたなべ
6	伊藤	いとう
7	山本	やまもと
8	中村	なかむら
9	小林	こばやし
10	加藤	かとう
11	吉田	よしだ
12	山田	やまだ
13	佐々木	ささき
14	山口	やまぐち
15	斎藤、齋藤	さいとう
16	松本	まつもと
17	井上	いのうえ
18	木村	きむら
19	林	はやし
20	清水	しみず
21	山崎	やまざき
22	森	もり
23	阿部	あべ
24	池田	いけだ
25	橋本	はしもと
26	山下	やました
27	石川	いしかわ
28	中島	なかじま
29	前田	まえだ
30	藤田	ふじた
31	小川	おがわ
32	後藤	ごとう
33	岡田	おかだ
34	長谷川	はせがわ
35	村上	むらかみ
36	近藤	こんどう
37	石井	いしい
38	斉藤、齊藤	さいとう
39	坂本	さかもと
40	遠藤	えんどう
41	青木	あおき
42	藤井	ふじい
43	西村	にしむら
44	福田	ふくだ
45	太田	おおた
46	三浦	みうら
47	岡本	おかもと
48	松田	まつだ
49	中川	なかがわ
50	中野	なかの

順位	名字	よみ
51	原田	はらだ
52	小野	おの
53	田村	たむら
54	竹内	たけうち
55	金子	かねこ
56	和田	わだ
57	中山	なかやま
58	藤原	ふじわら
59	石田	いしだ
60	上田	うえだ
61	森田	もりた
62	原	はら
63	柴田	しばた
64	酒井	さかい
65	工藤	くどう
66	横山	よこやま
67	宮崎	みやざき
68	宮本	みやもと
69	内田	うちだ
70	高木	たかぎ
71	安藤	あんどう
72	谷口	たにぐち
73	大野	おおの
74	丸山	まるやま
75	今井	いまい
76	高田	たかだ
77	藤本	ふじもと
78	武田	たけだ
79	村田	むらた
80	上野	うえの
81	杉山	すぎやま
82	増田	ますだ
83	平野	ひらの
84	大塚	おおつか
85	千葉	ちば
86	久保	くぼ
87	松井	まつい
88	小島	こじま
89	岩崎	いわさき
90	桜井、櫻井	さくらい
91	野口	のぐち
92	松尾	まつお
93	野村	のむら
94	木下	きのした
95	菊地	きくち
96	佐野	さの
97	大西	おおにし
98	杉本	すぎもと
99	新井	あらい
100	浜田、濱田	はまだ

55位 金子 武蔵国入間郡金子郷（現在の埼玉県入間市）発祥。平安時代後期の武将、村山頼任の孫・家範がこの地に住み、名乗りました。

クイズ2 トップ500の名字で、都道府県名と同じ名字は何がある？（答えはP14）

59位 石田 「石のようにかたい土地」という意味で、各地で地名となり、名字のルーツになりました。

61位 森田 下野国那須郡下荘森田（現在の栃木県那須烏山市）や、筑後国竹野郡奴田村森田（現在の福岡県久留米市田主丸町）などの地名がルーツ。タレントのタモリさん（1945年〜）は、福岡県出身。本名の名字・森田をいれかえて、芸名にしました。

87位 松井 松のある地形や、松というめでたい木にあやかってできた地名などをルーツにもつ名字です。ゴジラの愛称で親しまれた元プロ野球選手の松井秀喜さん（1974年〜）の出身地は、石川県。北陸は、富山県をはじめ、松井の名字が多い地域です。

95位 菊地 肥前国菊池郡（現在の熊本県菊池市）がルーツ。この地には周囲にたくさん菊の花が咲いている「菊之池」がありました。菊の花は「長寿」を象徴するめでたい花で、平安時代後期の人物・藤原則隆がこの地をあたえられ、名乗りました。もともとは「菊池（110位）」の字でしたが、一部の菊池一族が東北地方へ移り、そのとき「池」を「地」に変えて「菊地」に。

100位 浜田 濱田 長い海岸線をあらわす各地の地名に由来する名字です。高知県や鹿児島県など、海のある地域に多いです。タレントのダウンタウン・浜田雅功さん（1963年〜）は、兵庫県出身。

トップ 101→200

順位	名字	よみ
101	菅原	すがわら
102	市川	いちかわ
103	水野	みずの
104	小松	こまつ
105	島田	しまだ
106	古川	ふるかわ
107	小山	こやま
108	高野	たかの
109	西田	にしだ
110	菊池	きくち
111	山内	やまうち
112	西川	にしかわ
113	五十嵐	いがらし
114	北村	きたむら
115	安田	やすだ
116	中田	なかた
117	川口	かわぐち
118	平田	ひらた
119	川崎	かわさき
120	本田	ほんだ
121	久保田	くぼた
122	吉川	よしかわ
123	飯田	いいだ
124	沢田、澤田	さわだ
125	辻	つじ
126	関、關	せき
127	吉村	よしむら
128	渡部	わたなべ
129	岩田	いわた
130	中西	なかにし
131	服部	はっとり
132	樋口	ひぐち
133	福島	ふくしま
134	川上	かわかみ
135	永井	ながい
136	松岡	まつおか
137	田口	たぐち
138	山中	やまなか
139	森本	もりもと
140	土屋	つちや
141	矢野	やの
142	広瀬、廣瀬	ひろせ
143	秋山	あきやま
144	石原	いしはら
145	松下	まつした
146	大橋	おおはし
147	松浦	まつうら
148	吉岡	よしおか
149	小池	こいけ
150	馬場	ばば

102位 市川
地名由来の名字で、各地にルーツとなった地名はありますが、甲斐国八代郡市川（現在の山梨県西八代郡市川三郷町）由来が多いです。千葉県市川市も名字のルーツになっています。江戸時代の歌舞伎役者・初代市川團十郎（1660年〜1704年）の家は、甲斐国の出身。歌舞伎界最高の名門となっています。歌舞伎役者の市川海老蔵さん（1977年〜）が團十郎を襲名する日も近い？

103位 水野
尾張国春日井郡山田荘水野（現在の愛知県瀬戸市）発祥。鎌倉時代初期の武士・小川重清がこの地に住み、名乗りました。一族には徳川家康の母・於大の方（伝通院）がいます。

132位 樋口
「樋」とは、水を流す仕組みのことで、川や湖などから水をとる取水口が「樋口」。これが全国で地名となり、名字のルーツになりました。明治時代の作家・樋口一葉（1872年〜1896年）は、現在では5千円札の顔ですが、貧しい生活に苦しんだ生涯でした。

クイズ3
トップ500の名字で、漢字ひと文字はいくつある？（答えはP14）

137位 田口
田んぼへの水の取り入れ口という意味。全国に地名があり、名字のルーツとなりました。とくに秋田県と岐阜県に多い名字です。

142位 広瀬 廣瀬
瀬とは、川の流れの速いところで、川幅が広い瀬のあたりに住んだひとが名乗りました。沖縄と東北をのぞく、全国で見られる名字ですが、とくに多いのは山梨県です。俳優の広瀬すずさん（1998年〜）は、おとなりの静岡県出身。

順位	名字	よみ
151	浅野、淺野	あさの
152	荒木	あらき
153	大久保	おおくぼ
154	野田	のだ
155	小沢、小澤	おざわ
156	田辺、田邉、田邊	たなべ
157	川村	かわむら
158	星野	ほしの
159	黒田	くろだ
160	堀	ほり
161	尾崎	おざき
162	望月	もちづき
163	永田	ながた
164	熊谷	くまがい
165	内藤	ないとう
166	松村	まつむら
167	西山	にしやま
168	大谷	おおたに
169	平井	ひらい
170	大島	おおしま
171	岩本	いわもと
172	片山	かたやま
173	本間	ほんま
174	早川	はやかわ
175	横田	よこた
176	岡崎	おかざき
177	荒井	あらい
178	大石	おおいし
179	鎌田	かまた
180	成田	なりた
181	宮田	みやた
182	小田	おだ
183	石橋	いしばし
184	篠原	しのはら
185	須藤	すどう
186	河野	こうの
187	大沢、大澤	おおさわ
188	小西	こにし
189	南	みなみ
190	高山	たかやま
191	栗原	くりはら
192	伊東	いとう
193	松原	まつばら
194	三宅	みやけ
195	福井	ふくい
196	大森	おおもり
197	奥村	おくむら
198	岡	おか
199	内山	うちやま
200	片岡	かたおか

クイズ4
トップ500の名字で、いちばん多く使われている漢字は何？（答えはP14）

157位 川村
川ぞいの村という意味の地形に由来する名字です。249位の「河村」も同じ意味ですが、こちらは相模国足柄上郡河村郷（現在の神奈川県足柄上郡山北町）がルーツの場合もあります。

162位 望月
信濃国佐久郡望月（現在の長野県佐久市）発祥。地名の由来は、古代、朝廷が直接管理する牧場だった「望月牧」のウマを8月15日の満月（望の月）の日に、天皇が叡覧すると決めたことから。滋野氏の一族が名乗りました。

173位 本間
相模国愛甲郡本間（現在の厚木市）発祥。平安時代の武将、海老名季兼の子・義忠が名乗りました。

178位 大石
各地の地名が由来となった名字です。おもに、信濃国小県郡大石村（現在の長野県東御市）、陸奥国伊達郡東根大石（現在の福島県）など。「忠臣蔵」で有名な大石内蔵助は、近江国栗太郡大石荘（現在の滋賀県大津市）がルーツです。現在は静岡県に多い名字です。

184位 篠原
シノダケという植物がはえている原っぱをあらわす地形由来の名字です。このあたりに住んだひとが名乗りました。徳島県や愛媛県に多い名字です。俳優の篠原涼子さん（1973年〜）は、群馬県出身。

188位 小西
大きな集落から西側にわかれた小集落という意味の方位由来の名字です。京都、滋賀県など、関西から四国にかけて多いです。

192位 伊東
伊豆国田方郡伊東（現在の伊東市）発祥。伊豆国の東部という意味の地名です。平安時代の貴族・藤原維織が名乗りました。

9

トップ 201 → 300

順位	名字	よみ
201	松永	まつなが
202	桑原	くわばら
203	関口、關口	せきぐち
204	北川	きたがわ
205	奥田	おくだ
206	富田	とみた
207	古賀	こが
208	八木	やぎ
209	吉野	よしの
210	中沢、中澤	なかざわ
211	上原	うえはら
212	今村	いまむら
213	白石	しらいし
214	中尾	なかお
215	小泉	こいずみ
216	川島	かわしま
217	青山	あおやま
218	平山	ひらやま
219	牧野	まきの
220	岡村	おかむら
221	河野	かわの
222	寺田	てらだ
223	河合	かわい
224	児玉、兒玉	こだま
225	坂口	さかぐち
226	西	にし
227	大山	おおやま
228	多田	ただ
229	小野寺	おのでら
230	宮下	みやした
231	竹田	たけだ
232	足立	あだち
233	小笠原	おがさわら
234	坂井	さかい
235	村山	むらやま
236	天野	あまの
237	杉浦	すぎうら
238	小倉	おぐら
239	東	ひがし
240	坂田	さかた
241	豊田	とよた
242	水谷	みずたに
243	萩原	はぎわら
244	武藤	むとう
245	根本	ねもと
246	関根、關根	せきね
247	森下	もりした
248	中井	なかい
249	河村	かわむら
250	菅野	かんの

212位 今村
「あたらしくできた村」という意味の名字です。あたらしい村は各地で生まれ、その村に住んだひとが名乗ったため、全国に広がっています。現在は九州によく見られ、とくに鹿児島県、福岡県、熊本県に多い名字です。

224位 児玉
武蔵国児玉郡児玉（現在の埼玉県本庄市児玉町児玉）発祥。平安時代後期の豪族、藤原家行の子・家弘が「児玉庄太夫」と名乗りました。

225位 坂口
「坂の入り口」という意味の、地形にルーツをもつ名字です。こうした場所に住んだひとが名乗りました。関西と九州に多く、「阪口」（900位台）も同じルーツの名字です。作家の坂口安吾（1906年～1955年）は、新潟県出身。『堕落論』、『白痴』などの作品で、近現代日本文学を代表する作家のひとりです。

クイズ 5
トップ500の名字で、大・中・小の漢字、どれがいちばん多い？（答えはP14）

236位 天野
伊豆国田方郡天野郷（現在の伊豆の国市）がルーツ。藤原武智麻呂を祖とする家系・藤原南家の天野家が有名で、この子孫が全国に広がっています。なお、藤原南家の由来は、武智麻呂の家が、弟・房前の家の南にあったことから。

242位 水谷
近江国犬上郡水谷郷（現在の滋賀県犬上郡多賀町）などの地名がルーツの名字。とくに三重県から愛知県にかけて多く、全国の水谷さんの半数が住んでいるとも。「みずのや、みずがい」と読む場合もあります。ドラマ「相棒」シリーズで人気の俳優の水谷豊さん（1952年～）は北海道出身。北海道には明治から大正時代にかけて本州からおおぜいのひとがうつり住みました。

250位 菅野
平安時代の貴族・菅原道真を輩出した「菅原氏」の子孫が名乗ったと考えられています。「すがの」、「すげの」とも読みますが、7割以上が「かんの」と読みます。関東以北に多い名字。「管野」（2000位台）は、「菅野」が変化したものです。俳優の菅野美穂さん（1977年～）は埼玉県出身。

順位	名字	よみ
251	植田	うえだ
252	塚本	つかもと
253	飯塚	いいづか
254	佐久間	さくま
255	田島	たじま
256	渋谷、澁谷	しぶや
257	前川	まえかわ
258	山根	やまね
259	浅井、淺井	あさい
260	安部	あべ
261	宮川	みやがわ
262	岡部	おかべ
263	神田	かんだ
264	白井	しらい
265	大川	おおかわ
266	谷	たに
267	堀内	ほりうち
268	稲垣	いながき
269	若林	わかばやし
270	松崎	まつざき
271	榎本	えのもと
272	森山	もりやま
273	畠山	はたけやま
274	細川	ほそかわ
275	江口	えぐち
276	及川	おいかわ
277	西尾	にしお
278	三上	みかみ
279	金沢、金澤	かなざわ
280	田代	たしろ
281	石塚	いしづか
282	飯島	いいじま
283	土井	どい
284	津田	つだ
285	荒川	あらかわ
286	中原	なかはら
287	戸田	とだ
288	岸本	きしもと
289	安達	あだち
290	長尾	ながお
291	神谷	かみや
292	今野	こんの
293	本多	ほんだ
294	滝沢、滝澤、瀧澤、瀧沢	たきざわ
295	森川	もりかわ
296	三好	みよし
297	中嶋	なかじま
298	村松	むらまつ
299	星	ほし
300	金井	かない

クイズ ❻
トップ500の名字に使われている漢数字でいちばん大きいのは何？
（答えはP14）

256位 渋谷
東京都の渋谷を思いうかべるかもしれませんが、じつは相模国高座郡渋谷荘（現在の神奈川県大和市）発祥。平安時代後期の武将、河崎重家の子・重国が名乗りました。「しぶや」と読むことが多いですが、青森県では「しぶたに」と読みます。

259位 浅井
三河国幡豆郡浅井（現在の愛知県西尾市）などがルーツで、現在でも愛知県に多い名字です。戦国武将の浅井長政（1545年～1573年）は近江国浅井郡（現在の滋賀県）を本拠地としていました。妻・お市の方の兄である織田信長との戦いにやぶれ、自害。娘の茶々、初、江といった一族も、波乱に満ちた人生を歩みました。

265位 大川
大きい川をあらわす地形由来の名字で、やや東日本に多く見られます。「大河」（2000位台）もルーツは同じ。なお、285位の「荒川」は、勢いのある川という意味。そうした川のある各地に「荒川」の地名がついたため、こちらは地名由来の名字です。

273位 畠山
武蔵国男衾郡畠山荘（現在の埼玉県深谷市畠山）がルーツ。山を畠にしたところがあったことに由来する地名です。平安時代後期の武将、秩父重綱の子・重弘が名乗りました。

281位 石塚
石の多い塚に由来する名字です。古代の古墳は、土をもりあげた上に、石をしいていたとされ、こうした場所が石塚とよばれました。関東から北陸にかけてよく見られ、とくに茨城県に多い名字です。タレントのホンジャマカ・石塚英彦さん（1962年～）は神奈川県出身。

292位 今野
陸奥国気仙郡、磐井郡（現在の岩手県）の古代豪族・金氏の末裔が名乗りました。気仙郡から発掘された金を朝廷に献上し、「金」の苗字をたまわったともいわれています。東北一帯に「こん」の名字は広がっていて、「今（800位台）、金、昆、近（2000位台）、紺野（900位台）、金野（1000位台）、近野（2000位台）、昆野（3000位台）」などが見られます。

299位 星
下総国相馬郡星村（現在の千葉県）や、紀伊国牟婁郡星の里（現在の和歌山県）などの地名がルーツと考えられています。現在では、福島県や宮城県に多い名字です。『ボッコちゃん』などの作品で知られる星新一（1926年～1997年）は東京都出身。「ショート・ショートの神様」ともいわれています。

トップ 301 → 440

308位 黒木
黒木とは針葉樹のこと。針葉樹林の多い地域にこの地名がつき、その地域に住んだひとの名字になりました。日向国臼杵郡黒木村（現在の宮崎県東臼杵郡三郷町北郷区）、筑後国上妻郡黒木荘（現在の福岡県八女市黒木町）、陸奥国相馬郡黒木（現在の福島県相馬市黒木）などがルーツで、現在ではとくに宮崎県に多く見られます。俳優の黒木瞳さん（1960年〜）は、出身地の八女市黒木町にちなんで、この芸名となったのだとか。

326位 土田
各地の地名がルーツの名字です。能登国羽咋郡土田荘（現在の石川県羽咋郡志賀町）、美濃国可児郡土田（現在の岐阜県可児市土田）、近江国蒲生郡土田（現在の滋賀県近江八幡市土田町）など。江戸時代、将軍の携帯用の尿瓶・御尿筒を管理する公人朝夕人をつとめる土田家がありました。将軍に直接つかえる名家のひとつでした。

348位 長沢、長澤
地名由来の名字です。陸奥国閉伊郡長沢（現在の岩手県宮古市）、甲斐国巨摩郡長沢（現在の山梨県北杜市高根町）など。東日本に多く、とくに岩手県、福島県、静岡県などに集中する地域があります。俳優の長澤まさみさん（1987年〜）は、長沢さんの多い静岡県の出身です。

クイズ7
トップ500の名字でいちばん多く使われている植物の名前は？（答えはP14）

順位	名字	よみ
301	岡野	おかの
302	稲葉	いなば
303	松山	まつやま
304	甲斐	かい
305	西岡	にしおか
306	岩井	いわい
307	藤沢、藤澤	ふじさわ
308	黒木	くろき
309	堤	つつみ
310	落合	おちあい
311	金田	かねだ
312	泉	いずみ
313	野崎	のざき
314	広田、廣田	ひろた
315	町田	まちだ
316	吉沢、吉澤	よしざわ
317	西野	にしの
318	宮沢、宮澤	みやざわ
319	山岸	やまぎし
320	東	あずま
321	徳永	とくなが
322	小原	おはら
323	古田	ふるた
324	柳沢、柳澤	やなぎさわ
325	黒川	くろかわ
326	土田	つちだ
327	川田	かわだ
328	山川	やまかわ
329	杉田	すぎた
330	新田	にった
331	笠原	かさはら
332	村井	むらい
333	三木	みき
334	奥山	おくやま
335	須田	すだ
336	黒沢、黒澤	くろさわ
337	大竹	おおたけ
338	梅田	うめだ
339	中谷	なかたに
340	野中	のなか
341	堀江	ほりえ
342	米田	よねだ
343	岸	きし
344	川端	かわばた
345	大村	おおむら
346	日高	ひだか
347	西本	にしもと
348	長沢、長澤	ながさわ
349	井口	いぐち
350	大木	おおき
351	向井	むかい
352	榊原	さかきばら
353	大場	おおば
354	竹中	たけなか
355	藤川	ふじかわ
356	松島	まつしま
357	川原	かわはら
358	安井	やすい
359	吉本	よしもと
360	西沢、西澤	にしざわ
361	大内	おおうち
362	深沢、深澤	ふかざわ
363	庄司	しょうじ
364	竹下	たけした
365	藤岡	ふじおか
366	福本	ふくもと
367	塚田	つかだ
368	佐伯	さえき
369	藤村	ふじむら
370	宇野	うの

順位	名字	よみ
371	谷川	たにがわ
372	竹本	たけもと
373	宮内	みやうち
374	奥野	おくの
375	高島	たかしま
376	緒方	おがた
377	上村	うえむら
378	下田	しもだ
379	窪田	くぼた
380	栗田	くりた
381	北野	きたの
382	石黒	いしぐろ
383	相沢、相澤	あいざわ
384	野沢、野澤	のざわ
385	亀井	かめい
386	山村	やまむら
387	平川	ひらかわ
388	藤野	ふじの
389	三輪	みわ
390	丹羽	にわ
391	下村	しもむら
392	竹村	たけむら
393	宮原	みやはら
394	長野	ながの
395	嶋田	しまだ
396	川本	かわもと
397	長島	ながしま
398	高井	たかい
399	吉原	よしはら
400	荻野	おぎの
401	青柳	あおやぎ
402	小森	こもり
403	出口	でぐち
404	稲田	いなだ
405	高瀬	たかせ
406	筒井	つつい
407	大城	おおしろ
408	角田	つのだ
409	横井	よこい
410	福岡	ふくおか
411	小谷	こたに
412	林田	はやしだ
413	福永	ふくなが
414	大原	おおはら
415	平松	ひらまつ
416	長岡	ながおか
417	宮城	みやぎ
418	溝口	みぞぐち
419	篠崎	しのざき
420	富永	とみなが
421	長田	おさだ
422	北原	きたはら
423	山岡	やまおか
424	田原	たはら
425	越智	おち
426	浜口、濱口	はまぐち
427	浅田、淺田	あさだ
428	大田	おおた
429	柳田	やなぎだ
430	武井	たけい
431	永野	ながの
432	鶴田	つるた
433	入江	いりえ
434	湯浅、湯淺	ゆあさ
435	相馬	そうま
436	石山	いしやま
437	堀川	ほりかわ
438	堀田	ほった
439	二宮	にのみや
440	園田	そのだ

377位 上村（うえむら）

川の上流のほうにある村、という意味の地形由来の名字です。同じ字で、「かみむら（448位）」も、ルーツは同じです。なお、肥後国球磨郡上村（現在の熊本県球磨郡あさぎり町）という地名由来の上村さんもいます。元モーグル選手の上村愛子さん（1979年〜）は、長野県育ち。オリンピックに5大会連続出場し、入賞を果たすなど活躍しました。

クイズ8

トップ500の名字でいちばん多く使われている色の名前は？（答えはP14）

403位 出口（でぐち）

村の出入り口付近に住んだひとが名乗りました。各地にありますが、現在では三重県でよく見られます。なお、長崎県では、「いでぐち」と読むことが多いです。

425位 越智（おち）

古代から、伊予国（現在の愛媛県）に見られる名字。日本神話に登場する神・饒速日命の子孫が名乗ったと伝えられています。歌手のSuperfly越智志帆さん（1984年〜）に、愛媛県の出身。越智という名字は、現在でも愛媛県を代表する名字となっています。

435位 相馬（そうま）

下総国相馬郡（現在の北相馬郡ほか）がルーツ。平安時代中期の豪族・平将国がこの地にきて名乗りました。将国は平将門の子です。

トップ 441 → 500

順位	名字	よみ
441	高松	たかまつ
442	手塚	てづか
443	臼井	うすい
444	沼田	ぬまた
445	川野	かわの
446	篠田	しのだ
447	石崎	いしざき
448	上村	かみむら
449	池上	いけがみ
450	浜崎、濱崎	はまさき
451	比嘉	ひが
452	平岡	ひらおか
453	金城	きんじょう
454	花田	はなだ
455	谷本	たにもと
456	小出	こいで
457	杉原	すぎはら
458	瀬戸	せと
459	松沢、松澤	まつざわ
460	笠井	かさい
461	根岸	ねぎし
462	片桐	かたぎり
463	田畑	たばた
464	大槻	おおつき
465	冨田	とみた
466	志村	しむら
467	浜野、濱野	はまの
468	倉田	くらた
469	加納	かのう
470	日野	ひの
471	西原	にしはら
472	矢島	やじま
473	小坂	こさか
474	福原	ふくはら
475	村瀬	むらせ
476	堀口	ほりぐち
477	松野	まつの
478	徳田	とくだ
479	森岡	もりおか
480	柏木	かしわぎ
481	河原	かわはら
482	吉井	よしい
483	島崎	しまざき
484	畑中	はたなか
485	中本	なかもと
486	北島	きたじま
487	白川	しらかわ
488	岩瀬	いわせ
489	三谷	みたに
490	大崎	おおさき
491	梶原	かじわら
492	秋元	あきもと
493	原口	はらぐち
494	大井	おおい
495	秋田	あきた
496	米山	よねやま
497	福山	ふくやま
498	木原	きはら
499	川畑	かわばた
500	古沢、古澤	ふるさわ

442位 手塚

信濃国小県郡手塚郷（現在の長野県上田市）発祥だと考えられています。地名の由来は、この地にやってきて村人を苦しめていた奈良時代の豪族・塩焼王が、軍人の坂上田村麻呂にたおされ、村人が遺体の両手をこの地にうめたから、という説話が残っています。漫画家の手塚治虫（1928年～1989年）は大阪府生まれ。『鉄腕アトム』や『火の鳥』など、多数の作品を残し、「漫画の神様」として多くの漫画家に影響をあたえました。

458位 瀬戸

瀬戸とは、海峡をあらわすことばですが、陸地で両側に山がせまっているような地形も、「せと」といいました。各地で、地名にもなっていて、名字のルーツとなっています。現在は、神奈川県に多い名字です。競泳選手の瀬戸大也さん（1994年～）は埼玉県の出身。

462位 片桐

信濃国伊那郡片桐（現在の上伊那郡中川村、下伊那郡松川町）がルーツ。平安時代後期の武将、源為公の五男・為基がこの地の船山城にうつり、名乗ったと考えられています。タレントで俳優のラーメンズ・片桐仁さん（1973年～）は埼玉県の出身。

467位 浜野・濱野

浜は、海岸だけでなく、山中の崖をさしていうこともありました。浜野はそうした地形に住んだひとの名字です。このことは、海のない埼玉県南部に多い名字ということからもわかります。ほかには、千葉県西部、大阪府南部に多いです。

473位 小坂

ちいさい坂をあらわす地形がルーツの名字です。四国以外、ほぼまんべんなく分布しています。「小阪（2000位台）」もルーツは同じで、紀伊半島によく見られます。

クイズの答え

1. 13位:佐々木、34位:長谷川、113位:五十嵐、121位:久保田、153位:大久保、229位:小野寺、233位:小笠原、254位:佐久間
2. 14位:山口、27位:石川、67位:宮崎、85位:千葉、133位:福島、195位:福井、394位:長野、410位:福岡、417位:宮城、495位:秋田
3. 16個
4. 田（91個）
5. 大23個、中19個、小19個
6. 208位:八木
7. 藤（22個）
8. 黒（3個）

第1章

名字のはなし

生まれたときからあるけれど、
意外とよく知らない「名字」。
名字は、どう決まったの？
同じ名字のひとたちは、みんな親戚？
自分で変えることは、できる……？
名字とはどういうものなのか、
くわしく見ていきましょう。

> 先祖代表
> おじいちゃんです

Q1 名字って、何？

A 家と家を区別するもの

名字はたいていの場合、親や祖父母と同じです。同じ名字を使うことで、この集団は「家族」だと、まわりのひとに伝えています。もちろん、となりの家と、たまたま同じ名字ということもあるかもしれません。しかし基本的には、家と家を区別し、どのひとたちが家族でどのひとたちは家族でないかを、わかりやすくするのが名字といえます。

では、名は何なのでしょうか。鈴木さんちのさくらちゃん、佐藤さんちの悠真くん、というように、名は、家族の中でそれぞれのひとを区別するためにあります。

自分の持ち物やテスト用紙に名前を書くように、名前という名字と名の組みあわせで、「あなたがどこの家のだれであるか」をあらわしています。

名前は名字と名の組み合わせ

鈴木 さくら
佐藤 悠真

- 名字：家と家を区別し、どの家族か、あらわす
- 名：家族の中で、あなたがだれなのか、あらわす

❗ 名字は苗字とも書き、このふたつは同じものをさしています。

 北海道 【とくちょう】東日本に多い「斎藤」と西日本に多い「斉藤」が20位以内に。移住してきたひとの多い東北の名字が多く、北陸と四国の名字も見られます。

「わたしは鈴木さくらです」「ぼくは佐藤悠真です」……。
はじめて同じクラスになったひとには、自分の名前をいい、
自己紹介するでしょう。名前は生まれたときすでにある「名字」と、
親や身近なひとがつけてくれる「名」の組み合わせでできています。
当たり前に使っていますが、名字とはいったい何なのでしょうか。

【北海道に多い名字 ベスト10】 1 佐藤 2 高橋 3 佐々木 4 鈴木 5 伊藤 6 田中 7 渡辺 8 吉田 9 小林 10 中村

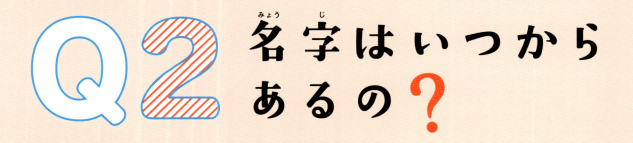

Q2 名字はいつからあるの？

A 正確にはわからないが、農民でも室町時代にはあった

　名字はひとびとが集まって暮らしはじめた古代には、すでにありました。しかしこのころの名字は、いまの名字とはすこしちがいます。このころの名字は「姓」といい、天皇からつけてもらうものでした。姓をつけてもらうことができたのは、身分の高いひとや政治にかかわる特別な仕事をしていたひとだけです。たとえば天皇家の親戚や、広い土地を支配していた豪族、神社の神官などです。

　姓は、一族全員が名乗っていました。一族といっても家族だけではなく、同じ土地で暮らすひとや同じ仕事をしているひともふくまれます。ですから一族の人数がふえるにつれ、姓だけでは区別がつかなくなっていきました。そこで姓をもつひとは、自分だけの「名字」を名乗るように。これが、「名字のはじまり」です。

　身分の高いひとは、姓と名字の両方をもち、名字はおもに支配している土地の地名を名乗りました。いまでは、姓も名字も同じ意味で使われていますが、むかしはちがうものとして区別していたのです。

　同じ土地で暮らすひとが増えていくうちに、身分の高いひとだけでなく、農民も名字を名乗るようになります。正確なことはわかっていませんが、古い資料から、室町時代にはすでに農民にも名字があったことがわかっています。

　では、時代劇で農民に名字がないのはなぜでしょうか。じつは江戸時代は「武士以外は名字を名乗ることができなかった」のです。名字をもっているひとは武士以外にもいましたが、名乗ってはいけなかったのです。

18 青森　【とくちょう】「工藤」が最多のただひとつの県。37位「古川」は「こがわ」と読みます。「対馬、長内、神、一戸、福士」などが青森県に独特の名字です。

明治時代に祖先が勝手につくった、なんていわれることもある名字。
たしかに時代劇などを見ると、武士のように身分の高いひとだけが
名字を名乗っているようです。では、農民は名しかなかったのでしょうか。
わたしたちの名字はいつからあるのでしょう？

【青森県に多い名字 ベスト10】 1 工藤 2 佐藤 3 佐々木 4 木村 5 成田 6 斎藤 7 中村 8 田中 9 高橋 10 三上

 # 同じ名字のひとは、親戚？

A 名字の由来はさまざまだから、関係があるとはかぎらない

　名字の由来、つまり名字ができた理由は、わかっている名字もあれば、わからない名字もあります。

　由来がわかっている名字には、大きく分けてつぎの4つがあります（くわしくはP35からの第2章を読んでください）。

① 住んでいる土地のとくちょうが由来になった名字
② 住んでいる土地の地名が由来になった名字
③ 職業が由来になった名字
④ 姓が由来になった名字

　たとえば、全国で3番目に多い「高橋」さんは、②と④が由来となってできた名字です。むかしは高い橋は、とてもめずらしいものでした。そこで高い橋がかかっている土地には、高橋という地名をつけました。高橋という地名は全国にいくつかあり、この地名から名字をとったひとがおおぜいいます。また、第8代孝元天皇の皇子・大彦命の子孫に高橋一族がいて、この高橋が由来の名字もあります。

　全国で4番目に多い「田中」さんは、①が由来です。むかしから田んぼはとても大切なものでした。家を中心にしてまわりに田んぼをつくるひともおおぜいいたので、その地形から名字をつけた田中さんは、全国にいます。

　つまり、名字が同じだったとしても、遠い親戚だったり祖先が同じだったりといった関係があるとはかぎりません。

 【とくちょう】5位に「菊池」、16位に「菊地」と、「きくち」が2つも上位に入っています。「千田、八重樫、小田島」などが、岩手県で見られるめずらしい名字。

20

同じ名字のひとがいると、
「もしかして、遠い親戚なのかな？ 祖先は同じひと?」と
思うことはありませんか。
同じ名字のひとたちは、何か関係があるのでしょうか。

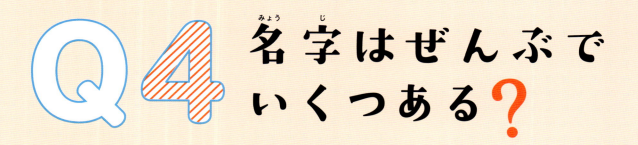

Q4 名字はぜんぶでいくつある？

A 正確にはわからないが、10数万種とも

日本にいくつぐらい名字があるのか、正確にはわかっていません。日本には戸籍といって、ひとりひとりの家族関係などを記す制度がありますから、政府が調べようとすれば調べられます。ですが戸籍は個人のプライバシーに関わることであり、また国が名字の種類を調べる必要もないため、調べられていません。

いまわかっているのは、電話帳などで個人や会社などが調べた数で、少なくとも10数万種あるのではないかといわれています。

この数は多いのでしょうか、少ないのでしょうか。アメリカはいろいろな国からさまざまな名字のひとが集まっているため100万種以上、イタリアは名字の歴史がとても古く、さまざまな名字が生まれてきたため30万種以上あるのではといわれています。おとなり韓国の名字は、300種類もありません。世界でもっとも人口が多い中国では、およそ3500種類なのだとか。日本の名字の数は、アメリカ、イタリアについで世界第3位だと考えられています。では、なぜ日本の名字は多いのでしょうか。

【とくちょう】東北に多い名字をあつめたような県ですが、「しょうじ」は「庄子」という漢字を使う名字が最多です。このほか「早坂、丹野」などもよく見られます。

クラスに同じ名字のひとはいますか。日本でいちばん多い佐藤さんや、2番目に多い鈴木さんならばいるかもしれません。
しかしクラスや学年で見ても、同じ名字がいないひとも少なくないはずです。
日本には、いくつ名字があるのでしょうか。

【宮城県に多い名字 ベスト10】 1 佐藤 2 髙橋 3 鈴木 4 佐々木 5 阿部 6 千葉 7 伊藤 8 菅原 9 渡辺 10 斎藤

Q5 どうして日本の名字は多いの？

A 漢字の読み方、書き方によって種類を区別しているため

日本もイタリアと同じように、名字は古くからあります。そのことも名字が多い理由のひとつ。でもそれ以上に、じつは漢字に秘密があります。

日本には、同じ漢字なのにちがう読み方をしたり、同じ読み方なのにちがう漢字がたくさんあります。たとえば「東」という名字は、「ひがし、あずま」と読みます。また「あべ」は、「安倍、阿部、安部、阿倍、阿辺、阿邊」などの漢字を使います。これらをすべてちがう名字として数えているため、日本の名字の数は多いのです。

では、なぜこういったちがいが生まれたのでしょうか。同じ漢字で読み方がちがう名字は、地域差が関係していることがあります。たとえば「東」という名字は、関東では「あずま」、九州では「ひがし」と読むことが多いです。

ちがう漢字で読み方が同じ名字は、本家*1から分家*2が分かれたときにできた名字が少なくありません。本家と同じ名字では区別がつかないし、かといってまったくちがう名字では、本家との関係がわからなくなってしまいます。そこで、同じ読み方のちがう漢字をあてて、名字としました。

また、明治時代になって戸籍を登録するときは手書きでした。そのとき、まちがった漢字や読み方を書いてしまうこともあったようです。

現在、全国で戸籍のコンピューター入力が進んでいて、誤字は修正の方向にあります。しかしむかしから使ってきた漢字を変えたくないというひとも多く、そのまま残っている名字もあります。

*1 土地や家、家名を引きつぎ、お墓を守っていく家のこと。
*2 家族の一員、たとえば次男や三男などが、もとの家族から分かれてあたらしい家をかまえること。

秋田　【とくちょう】「佐藤」が県人口の8％近くを占めるのは、全国でもっとも高い比率で、秋田県で最多の名字となっています。2位の「高橋」も人口の4％以上。

日本の名字の数は10数万種と、他の国とくらべて多いです。
では、日本の名字が多い理由は、何でしょうか。

1 明治5年、税金や兵隊さんをあつめる必要から、全国民の名と名字を登録する戸籍制度をつくりました。

2 その際、手書きだったので書きまちがいなどで、さまざまな字が登録されました。

3 本来、「斉」、「齊」、「斎」、「齋」の漢字が使われるはずの「さいとう」の「さい」の字が、85種類もあったとか。

4 戸籍のコンピューター化で、誤字や書きぐせの修正が進んでいます。

【秋田県に多い名字 ベスト10】 1 佐藤 2 高橋 3 佐々木 4 伊藤 5 鈴木 6 斎藤 7 三浦 8 加藤 9 阿部 10 工藤

Q6 名字って、変えられるの？

A よほどの理由があれば、変えられる

　名字を変えるというと、すぐに思いうかぶのは結婚ではないでしょうか。日本では、日本人同士が結婚すると、それまで別々の戸籍だったふたりがひとつの戸籍になるため、夫か妻のどちらかが、相手の名字に変更することになっています。

　でも結婚以外でも、よほどの理由があれば家庭裁判所に申しでて名字を変えることができます。たとえば、あまりにも読み方がむずかしかったり、その名字を名乗っていると、いじめやからかいの対象になってしまったり、社会で生きていくのに、大きな困難があったりする場合です。

　これまで変更がゆるされた理由を紹介しましょう。

- 「大楢」という名字が「おなら」に似ているから。
- 「猿田」という名字が動物を連想させるから。
- 外国籍のひとが日本の国籍を取得するときに日本風の名前にしたが、元の名字の読み方に近い名字を希望したから。

　ほかにも、子どものころに親から虐待をうけていたひとが、そのことを思いださせる名字の変更や、元暴力団員が名字の変更を申しでて、ゆるされています。

　変更を許可するにあたり、はっきりした基準があるわけではありません。名字は同じ戸籍のひと全員が変えなければならないため、名前よりも変更がむずかしいといわれています。

山形

【とくちょう】「佐藤」の割合は人口の7％を越えて、秋田に次いで2位です。特定の名字に集中していて、上位10位までの名字で人口の26％を占めます。

明治時代に戸籍という制度ができて、ひとりにつきひとつ、戸籍に登録することになった名字。名字は自分で決めたわけではないため、変えたいと思ったら変えられるのでしょうか。

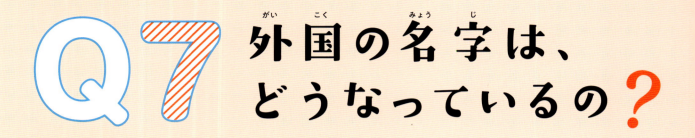

Q7 外国の名字は、どうなっているの？

A 名字のない国や、親とちがう名字を名乗る国も

東アジア

東アジアでは、むかしから中国の影響が大きかったため、人名も中国にならって名字と名がひとつずつあります。日本、韓国、北朝鮮もそうです。

アジアでも、中国の影響が少なかった国では名字のない国もあります。たとえばミャンマーは、名字の制度がありません。タイでは20世紀のはじめまで名字がありませんでした。イギリスに留学した王子が帰国して国王になったときに、名字を取り入れて「名＋名字」となりました。しかし100年たったいまでも、ほとんどのタイ人はふだん名字を使っていません。モンゴルでもずっと名字という制度はなく、「父親の名＋自分の名」を名乗っていました。しかし近年になって、父親の名を名字とするようになっています。

たとえば、民主化運動で有名なアウンサンスーチーさん。アウンサンは父親の、スーは祖母、チーは母親の名からとったので、ぜんぶ名で名字はありません。

中東

アラブ世界では名字に近いものがあります。たとえばサウジアラビアでは「自分の名＋父親の名＋祖父の名＋部族の名」を名乗り、最後の部族の名が名字に近いといえます。

サウジアラビア初代国王の名前は、サウド（自分の名）・イブン（〜の息子の意味）・アブドルアジズ（父親の名）・イブン・アブドルラーマン（祖父の名）・アル・サウド（部族の名）。サウド家のアブドルラーマンの息子のアブドルアジズの息子のサウドという意味で、アル・サウドが名字です。

【とくちょう】ベストテンに「渡辺」と「渡部」が入っているほか、「根本、安斎、柳沼」などが福島県に独特の名字。福島では「国分」は「こくぶん」と読みます。

日本には、外国人がおおぜい暮らしています。
みなさんのクラスにも、外国から来たお友だちがいるのではないでしょうか。
お友だちの名字について、疑問に思ったこともあるでしょう。
外国の名字は、日本と、どうちがうのでしょうか。

ヨーロッパ

フランスでは「マルタン」、「ベルナール」など、キリスト教の守護聖人*にちなんだ名字が、イタリアでは「ロッシ」（赤毛の意味）など、先祖の見ために由来するあだ名から名字になったものが多いと考えられています。ドイツの名字は「ミューラー」（粉屋の意味）、「メイヤー」（農夫）など、職業由来が多いです。オランダは2語以上の名字が多く、「〜出身」という意味の「ファン」のつく名字がたくさんあります。「ひまわり」などの絵画で知られる画家の「フィンセント・ファン・ゴッホ」は、名が「フィンセント」、名字が「ファン・ゴッホ」です。先祖はゴッホという地名の出身だったのかもしれません。

ロシアの名字は「〜フ」、「〜ン」で終わる名字が多く、ポーランドは「〜スキー」で終わる名字が多いです。

北欧のスウェーデンは「〜ソン」、デンマークは「〜セン」（どちらも「〜の息子」という意味）、フィンランドは「〜ネン」（「〜のひと」という意味）です。

*カトリック教会で、個人や職業、国家などについて、その保護者としてうやまわれている聖人のこと。

フランスでいちばん多い名字「マルタン」は、4世紀に実在した司教で、フランスの守護聖人であるマルティヌスから。

フィンランド人の約半数は、「〜ネン」で終わる名字。「ネン」は名詞や形容詞について「ちいさい、かわいい」といった意味をもちますが、名字になると「〜のひと」の意味に。

アフリカ

アフリカのガーナにいるアカン系のひとびとは、名字を先祖から受け継ぐという考えがなく、父親やお世話になったひと、友だちからもらってつけます。黄熱病の研究中にガーナで亡くなった野口英世の名前も、現地の子どもに引き継がれたことがありました。なお、名は生まれた曜日によってあらかじめ決まっていて、たとえば月曜日に生まれた男の子はコジョ、女の子はアジョアとなります。

このように、人名はそれぞれの国のなりたちや文化、伝統などによって、さまざまなとくちょうがあります。つぎのページから、日本で多く暮らす外国人の出身国の名字を見てみましょう。

【福島県に多い名字 ベスト10】1 佐藤 2 鈴木 3 渡辺 4 斎藤 5 遠藤 6 高橋 7 吉田 8 菅野 9 渡部 10 橋本

世界でいちばん名字の種類が多い国

アメリカ

アメリカは移民が多く、世界じゅうからひとびとが集まっているため、世界じゅうの名字があります。

いちばん多い名字は「スミス」で人口の1％ほど、つまり100人にひとりは「スミス」です。「鍛冶屋」という意味で、むかしのヨーロッパでは、農具をつくったり馬の蹄鉄を打ったりと、とても重要な仕事でした。7位の「ミラー」（粉屋）や10位の「テイラー」（仕立て屋）など、職業由来の名字はイギリスをはじめ、英語圏やヨーロッパに多い名字です。

また、「～ソン」や「～ズ」、「～ス」で終わる名字も多く、これらはほとんど「～の息子」を意味します。2位の「ジョンソン」は、ジョンの息子、3位の「ウィリアムズ」は、ウィリアムの息子、6位の「デービス」は、デーブの息子といった意味。5位の「ブラウン」は茶色という意味で、髪の色のとくちょうからだと考えられます。

アメリカでは、「ガルシア」や「マルティネス」といったラテン系の名字や、「キム」や「パク」などの韓国系、「チャン」や「ワン」という中国系の名字もよく見られます。

なお、日系アメリカ人の名字では、「タナカ」や「ヤマモト」、「ナカムラ」が多く、これらは西日本に多い名字。ですから、西日本、とくに九州や沖縄からアメリカに渡ったひとが多いと考えられます。

アメリカの名字トップ10

1位	スミス	6位	デービス
2位	ジョンソン	7位	ミラー
3位	ウィリアムズ	8位	ウィルソン
4位	ジョーンズ	9位	ムーア
5位	ブラウン	10位	テイラー

1990年センサス（国勢調査）

茨城　【とくちょう】最多の「鈴木」は、2位「佐藤」の2倍近くもあり、茨城県で圧倒的にいちばん多い名字。8位「根本」のほか、「飯島、倉持」もめずらしいです。

人口のわりに、名字が少ない国
中国

中国は人口が13億人以上と世界でいちばん多いので、名字の種類も多いと思うかもしれませんが、じつはそれほど多くありません。現在、中国国内で使われている名字は、およそ3500種類ほどと考えられています。漢民族のほかに、たくさんの少数民族が暮らしていて、その中には名字をもたない民族もいます。

中国でいちばん多い名字は「李」で、全人口の7.9％を占めるということなので、中国に住む李さんは人口では1億人以上います。

> 中国の名字は
> ほとんどが1文字。
> 漢民族は、世界でもっとも
> 早く名字ができた民族だと
> 考えられているよ。

中国の名字トップ5
- 1位 李（リ）
- 2位 王（ワン）
- 3位 張（チャン）
- 4位 劉（リュウ）
- 5位 陳（チン）

2002年中国科学院
遺伝・発育生物学研究所
（人民日報）

> 韓国では、名字だけで
> 相手をよぶことはなくて、
> 名か、フルネームで
> よぶんだよ。

韓国の名字トップ5
- 1位 金（キム）
- 2位 李（リ）
- 3位 朴（パク）
- 4位 崔（チェ）
- 5位 鄭（チョン）

2000年韓国統計庁

5人にひとりが「キム」さんの国
韓国

韓国は人口が5000万人以上いるのに対し、名字はおよそ300種類ととても少ないです。いちばん多い名字は「金」で、5人にひとりがこの名字です。

韓国では同じ名字のひとが多いため、氏族の発祥地をあらわす「本貫」というものを使っています。たとえば、慶州を本貫とする「金」さんは、「慶州金氏」といいます。近年まで本貫と名字がどちらも同じ相手は、血のつながった一族と見なされ結婚できませんでしたが、1997年に法律が改正され、結婚できるようになりました。

【茨城県に多い名字 ベスト10】1 鈴木　2 佐藤　3 小林　4 渡辺　5 高橋　6 木村　7 斎藤　8 根本　9 中村　10 吉田

とても長い名字を使う国
スペイン

スペインの名字のとくちょうは、父親と母親の名字をつなげて名字とすることです。つまり、「名＋父親の名字＋母親の名字」が正式な名前。とても長いので、ふだんは「名＋父親の名字」か「名＋母親の名字」を名前とすることが多いようです。また、スペインに限らず、キリスト教徒の場合は名のあとに洗礼名＊が入ります。たとえばスペイン人画家のピカソは洗礼名がとても長く、「パブロ（名）・ディエゴ・ホセ・フランシスコ・デ・パウラ・ファン・ネポムセーノ・マリア・デ・ロス・レメディオス・シプリアノ・デ・ラ・サンティシマ・トリニダード（ここまで洗礼名）・ルイス（父親の名字）・ピカソ（母親の名字）」ですが、「パブロ・ピカソ」と名乗っていました。

＊キリスト教の信徒が洗礼を受けるときにつけられる名前。

> スペインの名字で多い「～ス」は、「～の子」という意味。たとえばフェルナンデスは、フェルナンドの子どもという意味。

スペインの名字トップ3
1位 ガルシア
2位 フェルナンデス
3位 ゴンサレス

2018年スペイン国立統計局

スペインとは反対に母親の名字が先の国
ポルトガル

ポルトガルも両親の名字をつなげて名字としますが、先に母親の名字がきて、父親の名字が後ろになります。「名＋母親の名字＋父親の名字」です。女性は結婚すると、自分の名字の後ろに夫の名字をつけることが多いので、名字がとても長くなります。たとえば「アマンダ・シルヴァ・サントス」さんが、「ガブリエル・ロドリゲス・ペレイラ」さんと結婚したら、「アマンダ・シルヴァ・サントス・ロドリゲス・ペレイラ」さんに。なお、名字は変えなくても、夫の名字を名乗っても、どちらでもいいことになっています。

> シルヴァは、もともと「森」という意味よ。

ポルトガルの名字トップ3
1位 シルヴァ
2位 サントス
3位 ペレイラ

2015年 Instituto dos Registos e Notariado

【とくちょう】栃木県でとくちょうのある名字は、15位の「阿久津」です。県単位でベスト100に入っているのも、栃木県のみ。「野沢、篠崎」も多いです。

スペイン系の名字が多い国

フィリピン

フィリピンは、16世紀後半にスペインに征服されたため、スペイン系の名字が多いことがとくちょうです。

フィリピンの名前は、「名＋ミドルネーム＋名字」の3つでできています。「ミドルネーム」とは、名と名字のあいだに入るものです。男性、未婚女性、結婚しても夫の名字になることをえらばなかった女性は、「母親の結婚前の名字」を、結婚して夫と同じ名字をえらんだ女性は、「自分の結婚前の名字」をつけることが多いです。

フィリピンの名字で多いサントスはスペイン語で「聖人」、レジェスは「王」、クルーズは「十字架」という意味だよ。

5人にひとりが「阮（グエン）」さんの国

ベトナム

ベトナムは54もの民族からなる多民族国家ですが、人口の85％近くをキン族がしめています。キン族は中国文化の影響をうけているため、名字も漢字からきたものが多く、阮、陳、黎などぜんぶで250種類ほどといわれています。

ベトナムの名前は「名字＋tên đệm（テンデム）＋名」でできています。tên đệm（テンデム）は「クッションの名」という意味で、名字と名のあいだに男性か女性かを区別するために入ります。男性で「ヴァン（Văn、文）」や「バー（Bá、伯）」、女性で「チ（Thị、氏）」や「ジェウ（Diệu、妙）」などをつけます。

ベトナムの名字でいちばん多い阮は1802年から1945年までつづいたベトナム最後の王朝の名で、ここから名字をとったひとが多いの。

【栃木県に多い名字 ベスト10】 1 鈴木 2 渡辺 3 斎藤 4 佐藤 5 小林 6 高橋 7 福田 8 石川 9 加藤 10 松本

ほんとにある？ 漫画の主人公の名字

漫画の主人公の名前は、どれも役柄にぴったり。
実在する名字も、あるのでしょうか。

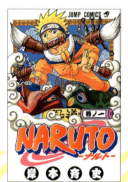

NARUTO －ナルト－
（岸本斉史／作　集英社）
落ちこぼれ忍者・うずまきナルトが、仲間たちとともにさまざまな課題をのりこえていく。

〈主人公〉 **うずまき ナルト**

「渦巻」は島根県邑智郡がルーツ。江の川がつくる渦巻き形の水流から、と考えられています。ナルトの大好物・一楽のラーメンは、作者が学生時代行きつけだったラーメン屋がモデルなのだとか。作者もラーメン好きでこの名前をつけた可能性も!?

ヒカルの碁
（ほったゆみ／原作　小畑健／漫画　集英社）
平凡な少年・進藤ヒカルが、平安時代の天才棋士・藤原佐為にとりつかれ、囲碁の世界にのめりこんでいく。

〈主人公〉 **進藤 ヒカル**

下に藤のつく名字はすべて、平安時代に栄華をほこった「藤原家」由来の名字。進藤は、平安宮の修理・造営を司る修理職をつとめた藤原家のひとが名乗りました。ヒカルにとりつく佐為は藤原佐為。ヒカルと佐為は遠い親戚！?

銀の匙 Silver Spoon
（荒川弘／作　小学館）
北海道の農業高校を舞台にした、青春漫画。

〈主人公〉 **八軒 勇吾**

明治になって、八軒の家が集まって作った名字と考えられています。作者は、北海道出身。作中、主人公の実家がある札幌市には、実際に八軒という地名があります。これは名字のルーツではありませんが、作者はここから主人公の名字を思いついたのかもしれませんね。

金田一少年の事件簿
（金成陽三郎／原作　さとうふみや／漫画　講談社）
高校生・金田一一が、仲間らと共に、遭遇する難事件を解決していく物語。

〈主人公〉 **金田一 一**

陸奥国糠部郡二戸金田一（現在の岩手県二戸市）発祥の、代々、武家として栄えた家系の名字。作中、金田一少年の祖父という設定になっているのが、横溝正史の推理小説の主人公金田一耕助。この名前は、明治時代のアイヌ語学者・金田一京助（元盛岡藩士の家）がモデルなのだとか。ちなみに、実際の京助さんの孫は、現在、言語学者として活躍している金田一秀穂さん。

第2章

名字ずかん

名字はたくさんの種類がありますが、
なかにはどういうふうにつくられたのか、
由来がわかっている名字もあります。
どんな名字が、なに由来でできたのか、
くわしく見てみましょう。

川の近くに住んでいる川辺兄弟です！

ずかんの見方

1 名字の由来をグループ分けしています

- **地形の名字** — 山や川など、その土地の地形が由来の名字
- **建物の名字** — 寺や橋など、目立つ建物が由来の名字
- **地名の名字** — 各地の地名が由来の名字
- **方位の名字** — 北、西など、方位が由来の名字
- **色の名字** — 黒や白など、色が由来の名字
- **縁起のよい名字** — 福や吉など、縁起のよい漢字がふくまれる名字
- **植物の名字** — 松や杉など、植物名がふくまれる名字
- **動物の名字** — 犬や鳥など、動物名がふくまれる名字
- **職業の名字** — むかしの職業が由来の名字
- **藤原氏由来の名字** — 斎藤、佐藤など、下に藤のつく名字

2 名字に使われた代表的な漢字を示しています

山中、山内

山の中腹に暮らしていたひとの名字。「山中」は西日本に、「山内」は全国に多いです。

山下、山本、山根、根岸

山のふもとは川から水を取ったり、まきを拾ったりするのに便利でした。「山下」は九州に、「山本、山根」は西日本に多い名字です。「根岸」は山のふもとにそった場所のこと。

山田、山川、山村、石山、平山

平野だけでなく山間部も耕していたので、山の中の田んぼは全国にあり、「山田」という名字も日本じゅうに広がっています。また山を流れる川のそばの家は「山川」に、山にある村に住んだひとは「山村」になりました。石や岩のある山など、どんな山だったかも名字の由来に。なお、平野の中にある山を「平山」といいます。

群馬 【とくちょう】東日本で「高橋」が最多の唯一の県。関東ではめずらしく「鈴木」が7位に入ります。40位、41位に「茂木（もぎ、もてぎ）」がならぶのが独特。

5 各都道府県の名字のとくちょうを紹介しています

日本は山地が多く、平地が少ない国土です。
むかしは山あいで暮らすひとがおおぜいいて、
山のどのあたりに家があるかで、それぞれの家を区別していました。

3 名字と、その名字の由来をイラストであらわしています

鳥越（とりごえ、とりこし、とりごし）
鳥は上昇気流を利用して飛ぶので、山を越える場所がだいたい決まっています。そのあたりに暮らしたひとたちが、「鳥越」の名字になりました。

山口、山崎（やまさき）
「山口」は、山の入り口という意味。また崎とは「はしっこ、とがったところ」という意味で、山の稜線が張りだしたところに住んだひとたちの名字です。崎には、﨑、嵜、碕などいろいろな漢字がありますが、由来はすべて同じ。西日本では「やまさき」と読むことが多いです。

4 名字の解説です。赤字はイラストで示している名字です

峠、田尾
山を行く道をのぼりつめて、くだりになるところを「峠」といいます。「田尾」も同じ意味で、瀬戸内海沿岸に多い名字です。

【群馬県に多い名字ベスト10】 1 高橋 2 小林 3 佐藤 4 新井 5 斎藤 6 清水 7 鈴木 8 吉田 9 星野 10 中島

39

6 各都道府県の名字ベスト10を紹介しています

37

地形の名字　山

山中、山内

山の中腹に暮らしていたひとの名字。「山中」は西日本に、「山内」は全国に多いです。

山下、山本、山根、根岸

山のふもとは川から水を取ったり、まきを拾ったりするのに便利でした。「山下」は九州に、「山本、山根」は西日本に多い名字です。「根岸」は山のふもとにそった場所のこと。

山田、山川、山村、石山、平山

平野だけでなく山間部も耕していたので、山の中の田んぼは全国にあり、「山田」という名字も日本じゅうに広がっています。また山を流れる川のそばの家は「山川」に、山にある村に住んだひとは「山村」になりました。石や岩のある山など、どんな山だったかも名字の由来に。なお、平野の中にある山を「平山」といいます。

群馬　【とくちょう】東日本で「高橋」が最多の唯一の県。関東ではめずらしく「鈴木」が7位に入ります。40位、41位に「茂木（もぎ、もてぎ）」がならぶのが独特。

日本は山地が多く、平地が少ない国土です。
むかしは山あいで暮らすひとがおおぜいいて、
山のどのあたりに家があるかで、それぞれの家を区別していました。

鳥越（とりごえ、とりこし、とりごし）

鳥は上昇気流を利用して飛ぶので、山を越える場所がだいたい決まっています。そのあたりに暮らしたひとたちが、「鳥越」の名字になりました。

峠、田尾

山を行く道をのぼりつめて、くだりになるところを「峠」といいます。「田尾」も同じ意味で、瀬戸内海沿岸に多い名字です。

山口、山崎（やまさき）

「山口」は、山の入り口という意味。また崎とは「はしっこ、とがったところ」という意味で、山の稜線が張りだしたところに住んだひとたちの名字です。崎には、嵜、﨑、﨑などいろいろな漢字がありますが、由来はすべて同じ。西日本では「やまさき」と読むことが多いです。

【群馬県に多い名字 ベスト10】 1 高橋 2 小林 3 佐藤 4 新井 5 斎藤 6 清水 7 鈴木 8 吉田 9 星野 10 中島

地形の名字　川

川合、川井、河合、落合

川の合流する地点は「川合、落合」といいます。田んぼを耕すためにも、ものを運ぶためにも川を使っていましたから、大きな川の合流地点付近は大切な場所でした。なお「川井」は川合から漢字が変化したものと、「川の水くみ場（井）」（P46参照）のどちらかです。

川原、河原（かわら）

川の水が流れていない砂や石の多い場所をあらわします。石川県では「かわら」と読むことがあります。

川崎

蛇行する川のせり出した岸や、川が海や湖にそそぐ部分をさし、こうした場所から生まれた名字です。

海老原、津留、鶴、鶴川

川の曲がった部分を「海老」に見立てました。関東地方を流れる利根川は曲がりくねっていたため、利根川流域には「海老」のつく名字が多いです。また、川が細く曲がっている場所を九州では「つる」といいました。「鶴川」は蛇行する川のこと。地名にもなっているため、地名由来の名字や、動物由来の名字との区別はむずかしいです。

埼玉　【とくちょう】県南部は東京とほぼ同じですが、北部や西部には、めずらしい名字も。「新井、田島、浅見、須賀、大熊、小谷野、越阪部」など。

川は、毎日の暮らしや田畑を耕すために必要な水を得られる大切な場所だったので、川にちなんだ名字もたくさんあります。大きな川を「河」、さらに大きな川を「江」といいましたが、名字にはそれほど区別して使わなかったようです。

川辺、川邊、川部、川本、河辺、河邊、河部、河本

川の近くをあらわす名字です。「河」の字を使った場合も、同じルーツです。

牟田、中牟田、西牟田、牟田口、谷内、谷地、谷津、矢野

むかしは大雨がふると川から水があふれることがあったため、川のまわりは湿地でした。湿地は田んぼにむいていて、おおぜいのひとが暮らしていました。湿地を九州では「むた」、北陸から東日本では「やち」といい、いくつかの漢字が使われています。「矢野」は、「やち」にある「野」をあらわす地形由来の名字です。

堤、土手

川沿いの堤防を意味する地形由来の名字です。「土手」は西日本に多いです。

須之内、洲之内

川にある島状の陸地（中洲）に住んだひとをあらわす名字。利根川河口に多い名字です。

川口、河口

河口や川への出入り口をあらわす地名由来の名字です。

【埼玉県に多い名字 ベスト10】 ① 鈴木 ② 髙橋 ③ 佐藤 ④ 小林 ⑤ 斎藤 ⑥ 田中 ⑦ 渡辺 ⑧ 新井 ⑨ 中村 ⑩ 加藤

地形の名字 — 沢（さわ）・滝（たき）

川の源流に近く、流れの細いところを沢といい、沢のさらに上流に滝があります。どちらも山あいに暮らすひとたちには大切な場所でした。

沢、澤、小沢（こざわ）、小澤、大沢、大澤、広沢、広澤、沢辺、澤辺、沢部、澤部

「広沢」は広い沢、辺も部も、そのあたりといった意味。なお、澤を簡単にした字が沢で、意味は同じです。

滝、瀧、滝口、瀧口、滝村、瀧村、滝山、瀧山

東海地方に多い名字です。瀧を簡単にした字が滝で、意味は同じです。滝のある村や山など、滝と地形を合わせた名字も。

沢村

沢の近くには集落ができたため、沢村という名字が生まれました。

轟、轟木

滝や川の急流は、大きな音を立てて流れます。そのようすを名字にしたのが、「とどろき」です。

千葉　【とくちょう】東京とほぼ同じですが、「佐久間、石橋」が多いのがとくちょうです。「加瀬、鶴岡、椎名、石毛、香取、川名、深山、清宮」などが独特。

この名字、読める？

めずらしい名字の中には、どう読んだらいいのかわからないような名字や、まるでとんちのような名字も。イラストをヒントに、つぎの名字を読んでみましょう。答えはP44です。

Q1 月見里

Q2 一口

Q3 小鳥遊

Q4 鴨脚

Q5 臥龍岡

Q6 薬袋

【千葉県に多い名字 ベスト10】 1 鈴木　2 高橋　3 佐藤　4 渡辺　5 伊藤　6 斎藤　7 田中　8 石井　9 中村　10 小林

名字コラム この名字、読める？

〈答えと解説〉

A1 月見里（やまなし）

月がよく見える里は、山がないことから。いまでは高い建物にはばまれ、月が見えない場所も多いですね。いま名字ができるなら、「ビルなし」になるかも!?

A2 一口（いもあらい）

たくさんのひとがひとつの出口にむかうとき、芋洗い状態になることから。東京の靖国神社の裏には、「一口坂」という坂もあります。

A3 小鳥遊（たかなし）

小鳥があそべるのはタカのような強いトリがいないときだけということから。和歌山県にある名字で、本来は「高梨」でした。タカは絶滅の恐れもありましたが、現在は回復。タカがいないと小鳥はあそべていいかもしれませんが、生態系を守る大切な、いなくてはならないトリです。

A4 鴨脚（いちょう）

カモのあしを広げると、イチョウの葉ににていることから。京都の下鴨神社の神官をつとめる家系の名字です。カモのような水かきをもつトリにはガンやハクチョウもいますが、とりわけカモになったのは、それだけ身近だったのでしょう。

A5 臥龍岡（ながおか）

「臥」という漢字は、ふせているという意味。龍が寝ているようすを想像すると長い岡のようだろうということから。龍は知ってのとおり、架空の生き物。それなのに名字に使うなんて、龍が縁起のいいものだと思われていたからでしょう。

A6 薬袋（みない）

山梨県中央市に多い名字。このあたりは長寿で知られ、薬袋など「見ない」からとか、武田信玄の落とした薬袋の中を「見ない」でとどけたためこの名字をあたえられた、などの説があります。名字ができたころは各地の寿命などわからなかったはずですから、武田信玄由来の可能性が高いかもしれませんね！

---

44 東京 【とくちょう】1位が「鈴木」であることをのぞけば、全国ランキングとほぼ同じ順位構成です。伊豆諸島に多い「前田」が、東日本ではめずらしく50位以内に。

地形の名字　海

海にかこまれた日本では、海岸ぞいの地域で海にちなんだ名字が生まれています。名字からは、むかしの暮らしやことばを知ることもできます。

岬、三崎
海の崎（はしっこ、とがったところという意味）に暮らすひとたちの名字です。

船越、舟越
岬をぐるっと回ると遠回りになるため、陸地の幅がせまいところは、船をひいて渡りました。船で越せる場所という地形から、この名字に。

入江、浦、浦島、浦川、浦田
内陸部に入りこんだ地形を「入江、浦」といいます。リアス式海岸がつづく長崎県には、「浦」のつく名字が多いです。

湊、港
船のつく場所を「みなと」といい、陸地を「湊」、水面を「港」と書くため、名字には「湊」の漢字が多く使われています。

鳴海、成海、成見
波の大きな音が聞こえるところで生まれた名字です。

浜口、濱口
浜への入り口をさす地形由来の名字です。浜は濱の字を簡単にしたものです。

【東京都に多い名字 ベスト10】 1 鈴木　2 佐藤　3 高橋　4 田中　5 小林　6 渡辺　7 伊藤　8 中村　9 加藤　10 斎藤

地形の名字　井・関

「井」という字からは「井戸」を思いうかべるかもしれません。しかし井戸がよく使われるようになったのは江戸時代から。名字が生まれたころは井戸が少なく、「井」とは水くみ場や用水路のことでした。

川井、井川、新井、今井、荒井、古井

むかしは川から水をくんだため、このような名字が生まれました。なお「井川」には「ちいさい川」の意味もあります。また、むかしは大雨などで川の流れが変わりやすく、「井」の場所も変わることがありました。あたらしく使うようになった「井」が「新井、今井」、使われなくなって荒れた水くみ場が「荒井、古井」です。暴れ川として有名な関東地方の利根川流域に多い名字です。

井上、井下

井は、たいてい川岸にありましたので、周辺の家は井よりも上にあることが多く、「井上」という名字が生まれました。なお、水くみ場が川の場合、井の下は川の中になりますから、「井下」の井は「井戸」の可能性が高いです。

関、関口、関山

川から水を得るためには、川の水をせきとめたり調節したりするための「堰」というしきりをつくりました。この「堰」からできた名字が「関」。関からひいた用水路の取水口付近に暮らしたひとが「関口」です。なお、関には関所（交通の要所につくられた検問所）由来のものもあり、水と関係がうすい「関山」は、関所由来と考えられます。

46　神奈川　【とくちょう】上位は東京とほぼ同じですが、「石渡」が独特で、「小泉」が多いのもとくちょう。「二見、新倉、土志田、府川、露木、鈴野」なども見られます。

地形の名字 池

池も、手軽に水を得られる大切な場所でした。池のどのあたりに家があるかで、名字が生まれました。

池、池辺、池邊、池端

「池」は各地にあるので、名字も各地に広がっています。「池辺、池邊、池端」は池の近くの意味です。

池畑

池の水を利用して畑を耕した場所に由来する名字です。

池沢、池澤

池のまわりにある沢（水がたまって草がはえている場所）に住んだひとが名乗りました。

池尻、池上

「池尻」は、池の後ろ、あるいは池から水が流れでる出口がルーツの名字と考えらえています。池の上手に住んでいれば、「池上」です。

【神奈川県に多い名字 ベスト10】 1 鈴木 2 佐藤 3 高橋 4 渡辺 5 小林 6 田中 7 加藤 8 斎藤 9 中村 10 伊藤

地形の名字 — 田・野・原

田上(たのうえ)、田ノ上、田中、田仲、多中、稲田、米田(こめだ)

田んぼを中心にどのあたりに住んだかで、「上・中」の字をあてました。「田ノ上、田仲、多中」も同じ意味です。また田んぼで収穫されるのが「稲」で、稲からできるのが「米」。稲も米も大切なもので、名字にも使われています。

平野、原、野原、野口、野中

平地の田んぼになったところが「野」で、田んぼ以外が「原」。「野原」は平地全体のことをいい、「野口」は野の入り口、「野中」は平野の中央部をさしました。

鈴木

紀伊半島の熊野地区では、刈りとった稲を天日に干すため積みかさねたものを、「すずき」といいました。これに「鈴木」の字をあてたことが、日本で2番目に多い名字のルーツとなりました。熊野信仰*の神官は共通の名字として「鈴木」を名乗っていました。鈴木一族は東日本各地に出向き、熊野神社をつくって信仰を広めたことから、鈴木の名字も東日本一帯に広まりました。

*古代より聖地とされていた和歌山県の熊野三山にたいする信仰。

黒柳

田んぼの境界線を「畔」といいました。畔に柳の木を植えたのが「畔柳」で、のちに「黒柳」となりました。

【とくちょう】8位に「長谷川」が入っているのが最大のとくちょうです。県内をルーツとする「五十嵐」も10位に入っています。「土田、滝沢」も新潟ならでは。

山とならんで、もっとも多く名字に使われている漢字が田んぼの「田」です。
田んぼにまつわる名字も、いろいろと生まれています。

広田、廣田、弘田、五反田

広い田んぼに住んだひとは「広田」で「弘」の字を使うことも。また、土地の面積の単位に「反（およそ922平方メートル）」があり、1反の田んぼからとれる米は1石で、大人ひとりの1年分のお米の量とされていました。5反あれば大人が5人食べていける計算で、「五反田」という名字は豊かさをあらわしました。

春田、張替、荒木、新木（しんき）、開、新開

土地を開墾することをむかしの言葉で「はる」といいました。あたらしく耕した土地に住むひとが名乗った名字です。

本田、新田、堀田、北出、西出、太郎丸、五郎丸、空河内、佐村河内

もともとの田んぼが「本田」、あたらしい田んぼが「新田」、私的に開墾した土地が「堀田」。なお、あたらしい田んぼは地域によって北陸地方では「出」、九州地方では「丸」などさまざまな呼び名がありました。広島県の安芸地方では「河内」といい、山の上のほうの新田に住むひとは「空河内」を名乗りました。

【新潟県に多い名字 ベスト10】 1 佐藤 2 渡辺 3 小林 4 高橋 5 鈴木 6 斉藤 7 阿部 8 長谷川 9 山田 10 五十嵐

島 (しま)

むかしは海にうかぶ島だけでなく、平地や盆地の小高い丘も「島」といいました。山の頂上から見ると島のように見えたからです。「嶋」や「嶌」も由来は同じです。

島、嶋、嶌、小島（おじま）、上島（かみしま）

海にうかぶ島にちなんでつけられた名字。また、平地にある小高い山も、「島」に見立てました。全国にありますが、とくに富山県に多い名字です。大きさや場所で区別することもありました。

川島、河島、川嶋、河嶋

川の中の島に住んでいたことに由来する名字です。「須之内」とも（P41参照）。

島岡

平地や盆地の小高い場所がルーツの名字。とくに長野県と奈良県に多い名字です。

【とくちょう】「佐伯」が50位以内に入るのは富山県のみです。45位の「堀田」は、「ほりた」と読みます。射水市はめずらしい名字がとても多い地域です。

地形の名字 岸・倉

「岸」というと、海岸や川岸などを思いうかべるかもしれませんが、むかしは地形が大きく変わるところを「岸」といいました。なので、「岸」のつく名字は、じつは海岸ぞいより山間部に多いです。

岸、岸上、岸下、岸本、倉、倉本

山と平地のさかい目である「崖」は地形が大きく変わるため、むかしは「岸」といいました。「岸本」は崖の下という意味です。また、「くら」ともいい、「倉」の字をあてました。「倉本」も崖の下の意味です。

山岸

山中の崖地のような場所がルーツの名字で、長野県から北陸にかけて多いです。

岸田

崖下の田んぼを耕したひとの名字です。

【富山県に多い名字 ベスト10】 1 山本 2 林 3 吉田 4 中村 5 山田 6 山崎 7 田中 8 中川 9 清水 10 酒井

51

地形の名字

谷（たに）

谷は山にかこまれているため、家を守りやすく、また、水が近くにあることも多く、田んぼをつくるのにも便利だったので、武士も農民もこのんで暮らしました。

谷、小谷、大谷、谷本、奥谷　洞、大洞、迫、大迫

「谷」のことを岐阜県の飛騨地区では「洞」、西日本では「迫」ともいいました。大きな谷間に暮らしたひとの名字「大谷、大洞、大迫」は同じ意味です。「谷本」は谷のそばの意味で、瀬戸内海沿岸に多い名字。

谷川

谷を流れる川のあたりに暮らしたひとの名字です。西日本、とくに長崎県に多いです。

谷田、迫田

谷あいの田んぼを耕したひとの名字です。

谷村、谷口、洞口

谷あいの村や、谷の入り口に住んだひとの名字です。

谷崎

谷に張りだした土地に住んだひとの名字です。

石川　【とくちょう】方位由来の名字が多いのがとくちょうです。「南」が20位以内に入っているのは、石川県のみです。能登半島には、めずらしい名字が多いです。

地形の名字　泉・林・森

水道のない時代、「泉」も生活に必要なものでした。また、日本はむかしから森林に恵まれてきたことから、「林、森」に由来する名字が全国に広がっています。

泉、小泉、大泉、涌井、泉川、泉沢、泉澤

水が自然にわきでるところを「泉」といい、泉の近くに暮らしたひとたちの名字となりました。「涌井」も「泉」と同じ意味です。

林、小林、大林、林原

木がしげっている場所を林といい、この近くに住んだひとたちが名乗りました。

清水、志水

「しみず」がわく場所に住んだひとたちがこの名字を名乗りました。しみずがわくのは山なので、山の多い地域によく見られる名字です。

森、森岡、森木、森口、森沢、森澤、森下、森中、森野、森村、森山

林より木がたくさんある場所が「森」です。森のどのあたりに住んでいるかで、それぞれ区別していました。

【石川県に多い名字 ベスト10】 1 山本　2 中村　3 田中　4 吉田　5 山田　6 林　7 中川　8 松本　9 山下　10 山崎

53

地形の名字 岡・塚・久保

まわりより少し高い土地を「丘」といい、
地名や名字には「岡」の字をよく使います。
また、まわりより低いくぼ地には「久保」の字を使い、名字にしました。

岡、岡崎、岡沢、岡澤、岡野、岡村、岡本

まわりより小高い場所に暮らしたひとは「岡」、丘にできた集落が「岡村」、丘のすそ野に暮らしたひとが「岡本」など、丘に「岡」の字をあてた名字はたくさんあります。

飯塚、大塚、塚野、塚原、塚田、塚本、塙

丘よりも低いもりあがりを「塚」といいました。古墳のように大きなものが「大塚」で、日本でいちばん古墳の多い埼玉県に多い名字です。塚のことは「塙」ともよびました。

久保、窪田、久保田、大久保、阿久津、圷

まわりより低い場所は「くぼ地」で、「窪」のほか「久保」の字もよく使いました。北関東では「あくつ」といい、さまざまな字をあてました。

54 福井 【とくちょう】斎藤一族の本拠地でもあり、西日本ではめずらしく「斎藤」がベストテンに。「山内、牧野」も多く、ほかに「白崎、三田村、時岡、笛吹」など。

地形の名字 畑・園・金・羽生

田んぼにしづらい土地は、お米以外をつくって「畑」や「園」としました。また、粘土質の土地には「羽生」、鉄がとれた土地には「金」のつく名字が生まれました。

畑、畠、畑田、畠田、畑中、畑本、田畑

お米以外の農作物をつくっていた土地に暮らしたひとの名字です。

園

お米以外の農作物をつくっていた土地を鹿児島などでは「園」といいました。また、伊勢神宮が所有する土地も「薗、御園」といいます。こうした土地に関わったひとが名乗った名字です。

金田、金山

「金」とは「鉄」のことです。むかしは農具をつくる材料になるなど、鉄は大切でした。鉄が多くとれた土地には「金」のつく名字が生まれています。とくに製鉄がさかんだった出雲地方に多いです。

羽生(はぶ)、土生、羽田、羽根田、赤羽、赤羽根

埴輪をつくる粘土質の土を「はに、はね」といい、「はに」の多い土地が「羽生(はぶ)」です。そうした場所に田んぼがつくられ、その近くで暮らしたひとの名字が「羽田、羽根田」です。粘土質の土は赤いことから、「赤」がつくこともありました。

【福井県に多い名字 ベスト10】 1 田中 2 山本 3 吉田 4 山田 5 小林 6 中村 7 加藤 8 斎藤 9 佐々木 10 前田

地形の名字

条・辻

一条、三条、七条、東条、西条、南条、上条

区画整理は、平野にある土地を6町（およそ654メートル）間隔で区切りました。南北を「里」、東西を「条」といいます。「数字＋条」の名字には一条から十条まであり、5000位以内に「一条、三条、七条」が入っています。方位と組みあわせた名字も合わせて全国にあります（方位由来の名字についてはP78～も読んでください）。

坊、坊野、坊田、坪田、坪内、坪井

条と里にかこまれた1区画を「坊」といい、関西から北陸に多い名字です。また、「坊」を1町（およそ109メートル）間隔で区切った1区画のことを「坪」といいます。この1坪をもっていたひとが名乗った名字が「坪田」で、「坪内」も同じ意味です。「坪井」は、坪のなかにある水くみ場の近くに住んだひと。

56　山梨　【とくちょう】全国で唯一「渡辺」が1位。「深沢、古屋、雨宮」など、上位にもめずらしい名字が多いです。「志村、堀内、小俣、名取、五味、輿石」などが独特です。

奈良時代から平安時代にかけておこなわれた土地の区画整理*を「条里制」といいます。条里制にしたがって分けた土地にちなんだ名字が、全国各地にあります。

*土地の形を同じ大きさの四角にして、使いやすくすること。

新庄

有力者があたらしく耕した荘園を「新庄」といい、そこに住んだひとが名乗りました。

別府、北別府、西別府

もともとの領地のまわりに開墾した土地を「別符」といい、その土地を開墾したひとたちは「別府」と名乗りました。九州に多い名字です。

辻、辻岡、辻原、辻村、郷

道と道がまじわる場所が「辻」で、このあたりに暮らしたひとの名字です。また、むかしは村を「郷」ともいったので、村の実力者が「郷」を名乗ったと考えられます。

【山梨県に多い名字 ベスト10】 1 渡辺 2 小林 3 望月 4 清水 5 深沢 6 佐藤 7 古屋 8 佐野 9 鈴木 10 田中

夫婦の名字

日本では、結婚すると同じ戸籍に入るため、夫か妻のどちらかが相手の名字を名乗らなければなりません。
しかし近年、「夫婦別姓」を希望するひとたちもいます。どういうことなのでしょうか。

夫婦別姓のメリット・デメリット

夫婦が同じ名字を名乗らなければならない法律ができたのは、明治31年。ほとんどの場合、女性が男性の名字を名乗るようになっています。しかし、結婚して名字を変えるとなると、さまざまな手続きをしなければならず、お金も時間もかかります。また、女性も働くことが多くなった現在、名字を変えると仕事上、不利益が出ることも。結婚や離婚といったプライバシーに関わることが公になるといった問題も出ています。名字が変わることで、自分が変わってしまうような、こころの問題もあります。さらには、女性差別ではないか、という国際的な指摘も。

そこで、「選択的夫婦別氏（別姓）制度」といって、希望すれば夫婦がそれぞれ元のままの名字でかまわない、という制度が検討されはじめています。夫婦が同じ名字を名乗らなければ、絆が生まれないなどの批判をするひともいますが、世界的に見れば、夫婦の名字をつなげて名乗ったり、別姓だったりする国のほうが多いのも事実。

名字についての考え方はひとそれぞれです。それぞれの自由を尊重できるような議論が進むといいですね！

わたしの名前は、エマ・マルタン。
フランス出身よ。
おとうさんの名字はマルタンだけど、
おかあさんの名字は、モローよ。
両親がちがう名字を名乗っているの。

日本も将来、そうなるのかなぁ。

長野　【とくちょう】全国で唯一「小林」が1位で、圧倒的に多い名字です。「宮沢、滝沢、西沢、柳沢、唐沢」など、「沢」のつく名字が多いのも、とくちょう的です。

建物の名字　寺・宮

名字のルーツとなったのは、自然の風景だけではありません。かつて村にはかならずお寺や神社がありました。そこから「寺」や神社を意味する「宮」のつく名字が生まれています。

寺下、宮下、寺本、宮本

お寺や神社の多くは村よりも高い場所につくられていました。ふだん生活している場所より高い、聖なる場所にお参りするという意味からです。そこで寺や神社の下に住むひとの名字が生まれました。また「本」という字は「下」という意味でも使いますが「寺や神社をささえるひと」という意味もあったと考えられます。

御手洗（みたらし）

神社にお参りする前に手や口をそそいで清める場所を「御手洗」といいます。いまは水道がひかれていますが、むかしは近くの川や池を利用していました。このそばに住んだひとの名字です。

寺田、宮田、神田、寺園

お寺や神社が所有する田畑に由来する名字。神社で神様にそなえるお米をつくった田んぼは「神田」ともいいました。

寺川、宮川

寺や宮に川のつく名字は、お寺や神社の近くを流れる川のそばに暮らしたひとの名字です。

【長野県に多い名字ベスト10】 1 小林　2 田中　3 中村　4 丸山　5 伊藤　6 佐藤　7 清水　8 高橋　9 宮沢　10 柳沢

建物の名字

橋・城（はし・しろ）

橋本、橋元、橋田、大橋、石橋

橋のたもとに暮らしたひとが「橋本、橋元」、橋の近くにある田んぼが「橋田」。橋の大きさや素材なども名字のルーツになりました。

船橋、舟橋

橋ができるまで、川は渡し船で渡るか、船をならべて橋がわりにしていました。そこからついた名字です。

石垣

石垣を組んだ家に由来する名字です。

大室、室山、室田、室井

山腹に穴をつくった岩屋を「室」といい、何かを保存するための場所も「室」というようになりました。室の近くに住んだひとは、大きさや室のある場所で区別し、名字として名乗りました。

60　岐阜　【とくちょう】全国で唯一「加藤」が1位。「安藤、水野」は人口に占める割合が高く、「浅野、古田、田口、村瀬、西尾」の名字も多い。ほかに「各務、所」など。

「橋」や「城」は、むかしはとても目立つものでした。
それらにちなんで生まれた名字がたくさんあります。

城山、古城（ふるき）
館、舘、古館、古舘

室町時代には、国衆（せまい領地を支配したひと）がちいさな城に住んでいました。その当時の城は山の上にあり、城のある山に住んだひとたちの名字になりました。国衆が大名にほろぼされ、城主がいなくなった城の近くに住んだひとが「古城」です。また、東北地方では有力者の屋敷を「たち」といいました。有力者が住まなくなった「たち」の近くに住んだひとが「古館、古舘」です。

堀、堀内、堀川、堀河、堀江、土井、土居

敵から城を守るため、堀をつくりました。内堀、外堀と2重の堀もふえたことで、堀のそばに住んだ「堀」だけでなく、堀の内側に暮らした「堀内」という名字も。「堀川」は、川を利用した堀にちなんだ名字です。また、「どい」とは城や集落を守るためにきずいた土塁のことで、それらの近くに住んだひとが名乗りました。

垣内（かきうち）

有力者たちはあたらしい土地を開墾すると、「垣内」という垣根をまわりにつくりました。この近くに暮らしたひとの名字になりました。

【岐阜県に多い名字 ベスト10】 1 加藤 2 伊藤 3 山田 4 林 5 渡辺 6 田中 7 高橋 8 後藤 9 鈴木 10 佐藤

名字コラム

日本でいちばん短い名字と長い名字

漢字も読みもひと文字の、短い名字には、どんなものがあるでしょうか。
また長い名字は、漢字、読み、それぞれ何文字だと思いますか。

歴史的な名字や地名由来の名字も

漢字も読みも、ひと文字という名字の代表は、「紀」です。『古事記』と『日本書紀』に登場する古代の人物、武内宿禰の子孫で、豪族として活躍した流れをもつ「紀」さんと、神官として栄えた紀国造の流れをもつ「紀」さんがいます。『土佐日記』で知られる紀貫之は、古代豪族のほうの子孫。また、神官をつとめたほうの子孫は、現在でも日前国懸神宮の神官ですが、発音しやすく「きい」と読ませているそうです。

ひと文字の名字でいちばん人口が多いのは「井」で、水くみ場、用水路という意味があります。熊本県の阿蘇地方に多い名字です。また、歴史にも登場する名字に「何」があります。外国からやってきて、長崎で「唐通辞（中国語の通訳）」をつとめた家系の名字です。ほかにも、「瀬、野、喜、記、伊、与、尾、区、田、津、都、那、場、帆、湯」などがあります。

余は紀貫之じゃ。

わたしは唐通辞の何です

静岡　【とくちょう】最多の「鈴木」は県人口の5％（20人にひとり）以上。「杉山、大石」が多いのもとくちょう。ほかに「杉本、勝又、青島、池谷、植松」など。

読みが長い名字はけっこうある

　現在、実際にあることがわかっている名字で、いちばん多く漢字が使われている名字は、5文字の名字です。

　ふたつあり、ひとつは「勘解由小路」です。1644年に公家の烏丸光弘の二男が分家してつくった家で、京都の「勘解由小路（現在の下立売通の一部）」という通りにちなんで名乗るようになりました。作家の武者小路実篤の母は、この家の出身です。

　もうひとつは、埼玉県にある「左衛門三郎」という名字。「左衛門」というのは、朝廷の下級官僚の役職名ですが、くわしいことはわかっていません。

　では、いちばん読みが長い名字は何でしょうか。8音の名字がいちばん長く、前出の左衛門三郎のほか、「東坊城、南坊城、東三条、東四柳、東上別府、大正寺谷」の6つあります。なお、「東坊城、南坊城、東三条」は、それぞれ、坊城と三条から分家してできた名字で、もともとの名字に方位をつけています。

よし、この通りの名を名字にしよう！

勘解由小路

【静岡県に多い名字 ベスト10】 1 鈴木 2 渡辺 3 山本 4 望月 5 杉山 6 佐藤 7 伊藤 8 加藤 9 山田 10 佐野

地名の名字 東北

なまはげ

秋田

由利
出羽国由利郡(現在の由利本荘市ほか)。出羽国の豪族に「由利氏」がいますが、はっきりしたことはわかっていません。現在でも秋田県に多い名字で、とくに湯沢市に集中しています。

山形

最上
出羽国最上郡(現在の最上町ほか)。南北朝時代の武将・斯波兼頼が名乗りました。地名は、郡内を流れる最上川にちなみます。

最上川は、山形県を流れるいちばん大きな川。むかしから農業用水や交通路として利用されてきました。山形県ではいまでも大切な水の大部分を最上川から取っています。

遊佐
出羽国飽海郡遊佐郷(現在の飽海郡遊佐町)。平安時代の貴族・藤原秀郷の一族が名乗りました。このあたりは庄内砂丘が広がっていて、遊佐は「砂地、砂丘」の語源ともいわれています。

さくらんぼ

福島

伊達
陸奥国伊達郡(現在の伊達市)。源頼朝のもとで働いた藤原朝宗がこの地を与えられ、名乗りました。戦国時代の武将・伊達政宗の祖先です。地名の由来は、伊達郷という村からで、伊達郡も古くは「いだて」といいました。

猪苗代湖と白鳥

戦国武将のなかでも人気のある伊達政宗は、伊達家17代当主。子どものころにかかった天然痘のため右目を失明したことから、のちに独眼竜政宗の異名も。
伊達政宗画像:土佐光信作 霊源院(東福寺塔頭)東京大学史料編纂所所蔵模写

白桃

愛知 【とくちょう】「鈴木、加藤、伊藤」の3つの名字がとても多いです。13位「杉浦」、25位「神谷」が独特。ほかに「早川、河合、鬼頭、犬飼、舟橋」なども。

鎌倉時代以降、この地にうつり住んでおさめた武将たちが、地名から名字をとり、名乗ったのが、地名由来の名字のはじまりです。アイヌ語由来と考えられている地名がルーツになっている名字もあります。なお、北海道にはルーツのはっきりわかっている地名由来の名字はほとんどありません。くわしくはP76を読んでください。

岩木山

りんご

青森

津軽
陸奥国津軽郡（現在の青森市ほか）。初代弘前藩主となった、戦国時代から江戸時代の武将・大浦為信が名乗りました。弘前城東門近くには、弘前城築城をはじめた為信の銅像があります。地名の由来は「水につかるところ」、「北の果て、地がつきるところ」などといわれますが、はっきりしません。

横浜
陸奥国北郡横浜（現在の上北郡横浜町）。戦国時代の武将・七戸慶則が名乗りました。横浜というと、神奈川県の横浜市を思いうかべるかもしれませんが、じつは、いまでも上北郡野辺地町でもっとも多い名字です。「横に長く続く浜」にちなむ地名と考えられています。

リアス式海岸

平泉（世界遺産）

岩手

和賀
陸奥国和賀郡（現在の西和賀町ほか）。源頼朝と、平安時代末期の武将・伊東祐親のむすめの子である春若丸が和賀郡領主となり、名乗ったという説があります。地名の由来は、アイヌ語の「ワッカ（清き流れ）の国」とも。

仙台・七夕祭り

松島（日本三景）

宮城

秋保
陸前国名取郡秋保村（現在の宮城県仙台市）。平安時代の武将・平重盛が名乗りました。重盛は平清盛の長男で、『平家物語』には思慮深い人物としてえがかれています。地名の由来は、「秋生」と書いて秋の景色がすぐれているところなどの説があります。

【愛知県に多い名字 ベスト10】 ①鈴木 ②加藤 ③伊藤 ④山田 ⑤近藤 ⑥山本 ⑦佐藤 ⑧渡辺 ⑨田中 ⑩水野

地名の名字　関東

群馬　神保（じんぼ）
上野国多胡郡神保（現在の高崎市吉井町）。平安時代の氏族・惟宗氏の一族が名乗りました。東京の書店街・神保町は、一族がこの地に屋敷をかまえたことに由来するといいます。

高崎だるま

埼玉　熊谷（くまがや、くまたに、くまがえ）
武蔵国大里郡熊谷郷（現在の熊谷市）。平安時代の武将・平直貞が名乗りました。地名の由来は、谷が大きく曲がった「曲谷」からとも、高城神社があるため「神谷」からとも。

熊谷駅前には、熊谷直貞の次男・直実の銅像があります。直実は、一ノ谷の合戦で平敦盛を討ちとったことで知られ、この銅像は扇を使って敦盛を呼びとめたところをあらわしています。
写真提供：森岡浩

長瀞天然水のかき氷

東京

足立（あだち）
武蔵国足立郡（現在の足立区ほか）。平安時代の豪族・武蔵野竹芝の子孫が名乗ったという説があります。地名は、イネ科の植物・アシがたくさんしげっていたため「蘆立」に由来するとも。

品川（しながわ）
武蔵国荏原郡品川郷（現在の品川区）。平安時代の公家で、『竹取物語』の作者ともいわれている紀長谷雄の子孫が名乗ったとされています。地名の由来は鎧に使う品革（こまかい模様をそめた鹿皮）をそめた場所という説があります。

ジャイアントパンダ

国会議事堂

神奈川　二階堂（にかいどう）
相模国鎌倉郡二階堂（現在の鎌倉市二階堂）。平安時代に藤原南家（藤原家の南に分家した一族）の子孫が名乗ったと考えられています。地名の由来は、源頼朝が中尊寺の二階大堂大長寿院に感動して、二階堂（永福寺）をこの地に建てたことから。永福寺は、室町時代の火災で廃寺となりましたが復元が進められています。

鎌倉大仏

三重　【とくちょう】東日本の名字と西日本の名字がまざりあっていますが、「伊勢の藤原」に由来する「伊藤」が最多です。「水谷、出口、中森、世古」なども見られます。

平安時代からひとびとが多く住んでいたこの地では、有力者の一族が地名を名字にとり、名乗りました。
この地にある神社由来の地名からとられた名字もよく見られます。

日光東照宮

栃木

宇都宮
下野国河内郡宇都宮（現在の宇都宮市）。平安時代の人物・藤原宗円が名乗ったと考えられています。宇都宮は「式内大社二荒山神社」の別名で、そこから地名になりました。二荒山神社を宇都宮という理由は、日光の二荒山神社からうつしまつった社「うつしの宮」からなど、いくつかの説があります。

宇都宮の名字のルーツとなった宇都宮二荒山神社。古くは宇都宮大明神ともよばれていました。

田沼
下野国安蘇郡田沼（現在の佐野市田沼）。平安時代後期の武将・足利家綱が名乗りました。江戸時代に権力をふるった田沼意次は子孫です。愛宕山麓にわきでる水を利用して、早くから田んぼが作られたことが地名の由来といわれています。

茨城

武田
常陸国吉田郡武田郷（現在のひたちなか市）。平安時代後期の武将・源義清が名乗ったと考えられています。義清の子・清光は、無法な行いで常陸国から追放され、流された甲斐国で、勢力を広げました。甲斐国の戦国武将で有名な武田信玄は、この武田氏の子孫です。

霞ヶ浦

わかさぎ

千葉

香取
下総国香取郡香取郷（現在の香取市）。古代からこの地で有力だった氏族が香取神宮の神職をつとめ、名乗りました。地名の由来は、シカ狩りによる鹿取説など。

千葉
下総国千葉郡千葉郷（現在の千葉市）。平安時代の武将・平良文の一族が名乗ったと考えられています。地名の由来は、葉がよくしげっていたから、とも。

成田国際空港

【三重県に多い名字 ベスト10】 ① 伊藤 ② 山本 ③ 中村 ④ 田中 ⑤ 鈴木 ⑥ 加藤 ⑦ 小林 ⑧ 水谷 ⑨ 森 ⑩ 山口

67

中部

地名の名字

鯖江のめがね

越中富山の薬売り

福井 — 織田（おだ）

越前国敦賀郡織田（現在の越前町）。平安時代末期の武将・平親真が織田剣神社の神官となり、名乗ったと伝えられています。戦国時代の武将・織田信長は子孫です。

富山 — 蜷川（ながわ）

越中国新川郡太田荘蜷川村（現在の富山市蜷川）。源頼朝につかえた宮道親直がこの地をおさめ、名乗りました。子孫の蜷川親元が書いた「蜷川親元日記」は、応仁の乱前後の貴重な資料といわれています。

岐阜 — 遠山（とおやま）

美濃国恵那郡遠山荘（現在の中津川市）。遠山とは恵那山のことで、都からやってくると平原のはるか遠くに見えたことから。「遠山の金さん」のモデルとなった遠山景元は子孫です。なお、信濃国伊那郡遠山郷（現在の長野県飯田市）がルーツの遠山もあります。

根の上高原から見える恵那山。高い建物がなかった時代、山はとても大きな目印になりました。

石川 — 富樫（とがし）

加賀国石川郡富樫郷（現在の金沢市）。藤原家の北側に分家した藤原北家の一族が名乗りました。

兼六園

白川郷

愛知 — 吉良（きら）

三河国幡豆郡吉良荘（現在の西尾市吉良町）。鎌倉時代の武将・足利長氏が名乗りました。赤穂浪士にうたれた吉良上野介は、子孫です。地名は、八ツ面山からとれる雲母にちなむといいます。

愛知 — 松平（まつひら）

三河国加茂郡松平郷（現在の豊田市松平町）。平安時代から鎌倉時代の武将・得川義季が名乗ったという説がありますが、はっきりしたことはわかっていません。江戸幕府を開いた徳川家康は、子孫です。地名の由来はマツがしげっていたからとも。富山県と北海道では「まつひら」と読むことが多いですが、ルーツは同じです。

しゃちほこ

滋賀　【とくちょう】京都府と似ていますが、地形由来と方位由来の名字が多いです。「北川」は、実人数でも人口比でも全国最多。「田井中、西堀」なども地形、方位由来。

古くは古墳時代から、この地でさかえた一族が地名を名字にしました。
子孫には、戦国時代や江戸時代に活躍した武将も多くいます。

新潟 五十嵐（いがらし）

越後国沼垂郡五十嵐（現在の三条市下田）。この地を開拓したという古墳時代の人物・五十足彦命が名乗りました。新潟県では「いからし」と読むひとも多いです。

五十足彦命をまつった五十嵐神社。全国から、五十嵐さんが参拝するのだとか。
写真提供：三条市経済部営業戦略室

長野 真田（さなだ）

信濃国小県郡真田（現在の上田市真田町）。海野氏の一族が名乗りました。戦国時代の武将・真田信繁（幸村とも）はその子孫で、徳川家康を追いつめた名将として、よく知られています。地名の由来は「狭名田」で、めでたい神の田の意味とも。相模国大住郡真田（現在の神奈川県平塚市）がルーツの真田もあります。

山梨 小笠原（おがさわら）

甲斐国巨摩郡小笠原（現在の南アルプス市）。平安時代から鎌倉時代の武将・加賀美長清が名乗りました。『吾妻鏡』という鎌倉時代につくられた歴史書に、長清は弓馬にすぐれた人物としてえがかれています。小笠原の地名の由来は、小笠をつくる材料となったスゲが多くはえていたからなどの説があります。

静岡 吉川（きっかわ）

駿河国有度郡入江荘吉川郷（現在の静岡市清水区吉川）。平安時代から鎌倉時代にかけての武将・藤原経義が名乗りました。地名の由来は、谷津沢川の流れをたたえた「よい川」にこの漢字をあて、「きっかわ」とよぶように。

【滋賀県に多い名字 ベスト10】 1 田中 2 山本 3 中村 4 西村 5 山田 6 中川 7 北川 8 木村 9 林 10 井上

地名の名字 関西

金閣寺

京都 上杉

丹波国何鹿郡上杉荘（現在の綾部市上杉町）。平安時代末期の公家・藤原重房が名乗りました。戦国武将の上杉謙信は、長尾為景の四男として生まれましたが、上杉憲政の養子となり、上杉を名乗るようになりました。

兵庫 多田

河辺郡多田荘（現在の川西市）。平安時代の武将、源頼光の孫・頼綱が名乗りました。多田荘は源氏発祥の地ともいわれ、970年につくられた多田神社が残っています。なお、多田の地名は各地にあり、下総国香取郡多田（現在の千葉県香取市）、佐渡国羽茂郡多田村（現在の新潟県佐渡市）、伊豆国田方郡多田（現在の静岡県伊豆の国市）、薩摩国山門院多田村（現在の鹿児島県阿久根市）などもルーツに。

姫路城

大阪 渡辺、渡部（わたべ）

摂津国西成郡渡辺（現在の大阪市）。平安時代中期の武将・源綱が名乗りました。綱は大江山の盗賊の頭・酒呑童子を退治した伝説などが残る人物です。なお、渡部（わたべ）もルーツは同じ。地名の由来は天満川の両岸を結ぶ渡し場（渡津）があったことから。

たこ焼き

大江山伝説に由来する物語『酒呑童子』。右上の人物が、酔った酒呑童子を退治する渡辺（源）綱。公文教育研究会所蔵

大阪城

和歌山 玉置（たまき）

紀伊国牟婁郡玉置口（現在の新宮市熊野川町玉置口）。地名の由来は、玉置川が北山川に合流する玉置山のふもとの谷口に位置することから。なお近畿地方以外では「たまおき」と読むことが多いです。ルーツ以外の地域で漢字の読み方が変わることはよくあります。

南高梅

高野山

上杉 京都
多田 兵庫
渡辺
玉置 和歌山

京都【とくちょう】典型的な関西の名字が並びますが、府北部にはめずらしい名字も多く、29位に「大槻」、35位に「吉岡」が。「塩見、四方、糸井、川勝」なども。

古代より栄えたこの地では、早くからひとびとが名字を名乗って暮らしていました。ランキングの上位に入っている名字も多いです。

甲賀忍者

滋賀

佐々木
近江国蒲生郡佐々木（現在の近江八幡市）。蒲生郡には沙沙貴神社を信仰する沙々貴山という一族がいましたが、源常方がこの地に住み佐々木を名乗るようになると、同じ佐々木となりました。なお、沙沙貴神社には、全国の佐々木さんがよくお参りにおとずれるといいます。

箕浦
近江国坂田郡箕浦荘（現在の米原市）。平安時代末期の武将・山本義明が名乗りました。地名の由来は、琵琶湖に関係して水の浦からという説があります。

この地域のひとびとにとって、琵琶湖はいまもむかしも、かわらず貴重な水源です。

三重

榊原
伊勢国一志郡榊原（現在の津市久居）。室町時代の武将・仁木利長が名乗りました。地名は、伊勢津藩士・山中為綱が江戸時代前期に書いた地誌『勢陽雑記』によると、伊勢神宮の儀式で使う榊の木に由来するなど、いくつかの説があります。利長の孫の清長が三河国にうつったため、現在では愛知県と静岡県に多い名字。

天照大神をまつった皇大神宮をはじめ、多くの宮社からなっている伊勢神宮。むかしから、「お伊勢さん」などとよばれ、ひとびとのこころのよりどころとなってきました。
伊勢神宮 内宮　写真提供：神宮司庁

松阪牛

奈良

菅原
大和国添下郡菅原（現在の奈良市菅原町）。奈良時代から平安時代の貴族・土師古人が菅原の名字をたまわりました。古人も学者として高名でしたが、学問の神様として有名な菅原道真はこの一族です。地名の由来は、スゲがしげっていたことから。

長谷川
奈良県桜井市の東部を流れる泊瀬川流域がルーツ。泊瀬とは最後に船を停泊させるところという意味。やがて、東西に長い地形から、このあたりは「長谷」とよばれるように。5世紀ごろ第21代雄略天皇がこの地を本拠地とし、全国の領土を家臣に管理させました。その家臣たちが、本拠地の長谷川を名乗りました。

法隆寺 五重塔

鹿

【京都府に多い名字 ベスト10】 1 田中　2 山本　3 中村　4 井上　5 吉田　6 西村　7 山田　8 木村　9 松本　10 高橋

地名の名字　中国・四国

島根　三隅（みすみ）
石見国那賀郡三隅郷（現在の浜田市三隅町三隅）。鎌倉時代の武家・益田兼信がこの地をおさめ、名乗りました。兼信は三隅城を築いたといわれています。

石見銀山

広島　世良（せら）
備中国世羅郡世良（現在の世羅郡世羅町）。代々、毛利家につかえた一族が名乗りました。江戸時代は長州藩士となり、現在は安芸郡熊野町に多く見られる名字です。

原爆ドーム

瀬戸大橋

山口　右田（みぎた）
長門国佐波郡右田荘（現在の防府市）。平安時代の武家・大内盛長が名乗りました。地名の由来は、佐波川右岸の田などの説があります。なお、方位の「右」がルーツの右田も。

右田の由来となった佐波川では、コイが泳ぐならやっぱり川の中とばかりに、毎年5月に川の中に鯉のぼりを泳がせる行事が行われています。

錦帯橋

ふぐ

かんきつ類

愛媛　河野（こうの）（かわの）
伊予国風早郡河野郷（現在の松山市）。飛鳥時代の武将・越智玉澄が名乗りました。発祥地である愛媛県と、広島県では「こうの」と読むことがほとんどですが、そのほかの地域では「かわの」と読むこともあります。本家と区別するために、読み方をかえたためと考えられています。

地図：島根　三隅／広島　世良／山口　右田／愛媛　河野

【とくちょう】「田中」、「山本」が1位と2位に並ぶ、西日本らしい名字構成。50位以内に独特の名字は入っていません。「東野、芝池」などは、めずらしい名字です。

かなり古くから栄えた地域のため、
名字も飛鳥時代の人物が名乗りはじめるなど、古いことがとくちょうです。
古代の生活をうかがい知れる名字も見られます。

鳥取砂丘

金持

鳥取　金持（かなもち、かなじ、かねじ、かもち）

伯耆国日野郡金持（現在の日野郡日野町金持）。金とは、古代に重要だった鉄のこと。鉄をつくる製鉄業がさかんな地域には「金」のついた地名があり、名字のルーツとなりました。

金持神社近くにある、金持党発祥の地の石碑。金持神社は縁起の良い名前として、参拝客がたくさんおとずれます。
写真提供：森岡浩

桃太郎

岡山　三宅

備中国児島郡三宅郷（現在の玉野市）。鎌倉時代から南北朝時代の武将・児島高徳の子孫が名乗ったと伝えられています。地名は、古代に直轄地の屯倉が置かれたことに由来。屯倉は収穫物をたくわえる倉庫の意味もありました。

讃岐うどん

香川　香西

讃岐国香川郡香西（現在の高松市香西町）。鎌倉時代の武将・新居資村が勝賀城を築き、名乗りました。勝賀山山上には、土塁や井戸などが残っています。地名の由来は、香川郡の西に位置することから。

徳島　大西

阿波国三好郡大西（現在の三好市池田町）。一族には、江戸時代に茶の湯釜をつくった釜師もいます。なお、土佐国香美郡大西村（現在の高知県香美市物部町大西）にも、大西のルーツとなった地名があります。

徳島　三好

阿波国三好郡（現在の東みよし町）。平安時代から鎌倉時代にかけての武将・小笠原長房が名乗りました。一族の三好長慶は、室町幕府の実権をにぎったこともありました。

かつお

高知　安芸

土佐国安芸郡安芸荘（現在の安芸市）。土佐に流された飛鳥時代の豪族・蘇我赤兄の子孫が名乗りました。江戸時代に土佐和紙の七色紙を開発した安芸家友（安芸三郎左衛門）もこの一族といわれています。

阿波踊り

【大阪府に多い名字 ベスト10】　1 田中　2 山本　3 中村　4 吉田　5 松本　6 井上　7 山田　8 山口　9 高橋　10 小林

地名の名字 九州・沖縄

佐賀　松浦（まつら）

肥前国松浦郡（現在の唐津市）。水軍として働いた武士団が、松浦党を名乗りました。水軍とは、海や湖、河川で、武力をもって活動するひとたちのことです。支配地が広がるにつれ、各地で名乗るひともふえたため、沖縄以外の全国で見られます。

吉野ヶ里遺跡

長崎　五島（ごとう）

肥前国松浦郡五島（現在の五島列島）。戦国時代から安土桃山時代の大名・宇久純玄が、豊臣秀吉の命令にしたがい、名乗りました。岐阜県や北陸では「ごしま」と読みます。

鹿児島　伊集院（いじゅういん）

薩摩国伊集院（現在の日置市伊集院町）。イスノキの多い地域であったため、「いす」とよばれていましたが、平安朝時代に租税の稲穂を貯蔵する倉院がおかれ、「いすいん」とよばれるように。そこから伊集院となったと伝えられています。明治維新後にこの地から多くのひとがうつり住んだため、現在では東京でも多い名字です。

種子島宇宙センター

沖縄　具志堅（ぐしけん）

本部間切具志堅村（現在の国頭郡本部町具志堅）。17世紀～18世紀にかけて、この地域をおさめた一族が名乗りました。また、真和志間切具志堅（現在の那覇市）に由来する具志堅一族もいて、こちらは代々、名前に「用」の字を使います。

今帰仁城跡。今帰仁城から美ら海水族館に向かうあたりが、具志堅という地名があった地域です。

シーサー

【とくちょう】 大阪府のランキングと似ていますが、5位の「藤原」がとくちょう的。ほかに、「岸本、玉田、春名、西垣、神吉、久下、上月、魚住、井奥」なども。

戦国時代を中心にこの地で活躍した武将が地名を名字にしました。
なお、沖縄はほとんどが地名由来の名字です。

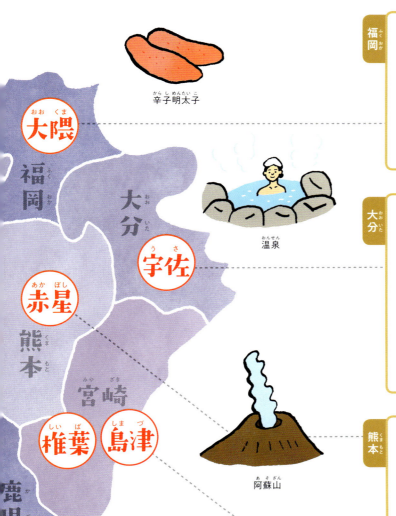

福岡　大隈

筑後国三潴郡大隈村（現在の久留米市）。戦国時代の武将・菅原家泰が名乗りました。江戸時代には、この一族は佐賀藩の砲術家（火縄銃や大筒（大砲）などのこと）として知られていました。早稲田大学を創立した大隈重信は子孫です。

大分　宇佐

豊前国宇佐郡（現在の宇佐市）。飛鳥時代の僧・法蓮が名乗ったとされています。法蓮は医薬に長けた人物だったといいます。宇佐市近郊には、法蓮ゆかりの史跡や伝承が残っています。

宇佐神宮の神宮寺・弥勒寺は、法蓮が初代の長官としておさめたといわれています。明治時代に廃寺され、現在は遺構が残るのみとなっています。
写真提供：宇佐神宮

熊本　赤星

肥前国菊池郡赤星（現在の菊池市赤星）。鎌倉時代の武将・菊地有隆が名乗りました。この一族は、戦国時代は隈府城（菊池城）の城主となりました。

宮崎　椎葉

日向国椎葉（現在の東臼杵郡椎葉村）。地名は、壇ノ浦の合戦にやぶれた平家の残党を追ってきた那須大八郎が、陣小屋（戦さ場で軍があつまっているところ）の風をふせぐために椎の葉を使ったことに由来するという説があります。

那須大八郎が平家残党をあわれに思い、建立したといわれる椎葉厳島神社。
写真提供：(一社)椎葉村観光協会

島津

日向国島津荘（現在の宮崎県）。平安時代から鎌倉時代の歌人・惟宗広言の子・忠久が島津荘の下司（職員）となり、名乗りました。第28代当主・島津斉彬は、まずしい下級武士だった西郷隆盛を見出したことで有名です。

【兵庫県に多い名字 ベスト10】 1 田中　2 山本　3 井上　4 松本　5 藤原　6 小林　7 中村　8 吉田　9 前田　10 山田

名字コラム 北海道と沖縄の名字

ほかの都道府県と、大きくことなるとくちょうをもつ名字が多いのは、北海道と沖縄です。両極端ともいえるこのふたつの地域の名字には、どのようなとくちょうがあるのでしょうか。

北海道は東北ベース、沖縄は地名由来

現在、北海道に住んでいるひとの多くは、本州からうつり住んだひとの子孫です。明治時代になって、政府は北海道を開拓する目的で、大規模な移住政策を進めました。全国から移住するひとがいましたが、とくに多かったのが東北。ですから、北海道には東北と同じ名字がたくさんあります。

いっぽう沖縄の名字は、90％が沖縄の地名に由来します。江戸時代まで、本州との交流がほとんどなかったこと、薩摩藩が支配するようになってからも、「大和風の名字の使用禁止」が強制されたことから、沖縄のことば・琉球語でつけられた地名ルーツの名字が、現在にいたるまでずっと使われているのです。

たとえば沖縄に多い「城」のつく名字、これは「ぐすく」という沖縄にたくさんある古いお城の呼び方にちなんだ名字です。

仙台藩の武士たちが新天地をもとめて北海道に移住。伊達市は、伊達一族が移住したことでついた地名です。

奈良　【とくちょう】上位30位までの名字が、すべて地形由来と方位由来。「中西、辻本」も多く、ほかに、「乾、辰己、巽、辰巳、米田、南浦、福西」など。

めずらしい名字の地区

富山県西部に、新湊市というちいさな市がありました。いまは合併し、射水市となっています。この地区は、めずらしい名字がたくさんあることで知られています。どんな名字があるのか、見てみましょう。

魚から菓子まで

この地区は、江戸時代は加賀藩がおさめた港町でした。そのため、漁業に関係のある名字が多く、「魚」という名字のほかに、「釣、海老、網、魚倉、波、灘」といった名字があります。食べ物の名字で、「米（よね）」もあります。「よね」と読む名字はほかの地域にもありますが、「こめ」と読むのはめずらしいです。ほかに「酢、飴、菓子、糀」なども。

新湊の名字のとくちょうは、ものの名前がそのまま名字になった例が多いことです。「桶、水門、風呂、綿、石灰、鼎（食物を煮るために使った金属の器）、瓦、壁、地蔵、籠、飾」など、生活必需品がならびます。そのほか、「音頭、大工、旅、蒸、折、紺」といった名字が見られます。「〜屋」という商家が、「屋」をはずしてそのまま名字にしたことが理由のひとつと考えられます（屋号の名字については、P99も読んでください）。いまならラーメンさんとか、パンさんという名字が生まれたりして!?

うちは江戸時代に米屋だったから、米っていう名字なんだけど、いまは魚屋なんだ

えっ！

【奈良県に多い名字 ベスト10】 1 山本 2 田中 3 吉田 4 中村 5 松本 6 井上 7 上田 8 岡本 9 山田 10 森本

方位の名字

東・西・南・北

東(ひがし)、西、南、北

武家などが分家した場合には、本家や、集落の中心から見て、どの方位に家をかまえたかで名字を決めました。本家や集落の中心は日当たりのよい南側に面していることが多いので、となりに家をたてれば「東」か「西」、真向かいならば「北」。

西村、西田、西川、北村、西山、北川、西岡、西沢、北野、北島、北嶋

村の中心から見た方位と地形をあわせた名字もたくさん生まれました。どの地形と組みあわせた名字でも、北と西は多く、東と南は少ないのがとくちょうです。むかしは日当たりのよい東側か南側に領主が家をかまえたので、ほかのひとびとは領主から見て西側と北側に住むことが多かったからです。

和歌山 【とくちょう】発祥地でもある「鈴木」は、14位と西日本のなかでは上位に入っています。ほかには「玉置、湯川、岩橋、上野山、貴志、南方、雑賀、硲」が独特。

同じ地名に家がたくさんあったり、
本家と分かれた家を区別したりするときに、方位を利用することがありました。
東西南北のほかに干支も使いました。

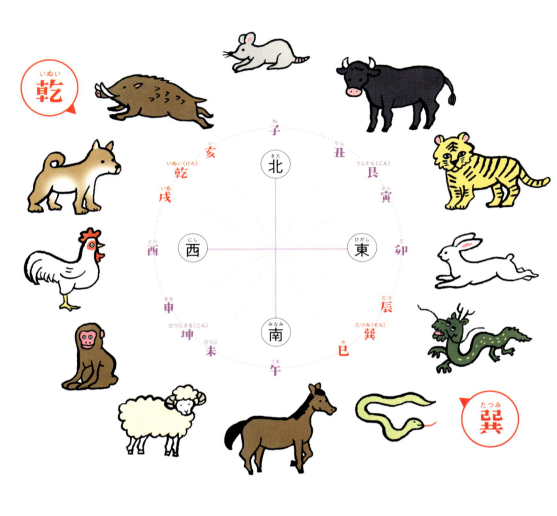

中村、中田、中(あたり)、中川、中谷(なかや)、中林

「中」という字のつく名字は、いくつかあるものの、まんなかという意味で、「中田」は中央にある田。「中村」は中心的な村をさすと考えられ、各地で地名にもなり名字ができています。

巽、辰巳、辰己、乾

名字には干支を使った方位のあらわし方も使いました。南東は辰と巳のあいだで「たつみ」といいます。この方位に家のあるひとは「たつみ」にいくつかの字をあてて名字にしました。同じように北西にあると「乾」です。

【和歌山県に多い名字 ベスト10】 1 山本 2 田中 3 中村 4 松本 5 前田 6 林 7 岡本 8 谷口 9 宮本 10 坂本

方位の名字

上下・前後・表奥

さまざまな方角と地形を組みあわせることで、たくさんの名字が生まれています。

坂上(さかがみ)、坂下、山上、山下、川上、川下

「坂」や「山」などと「上下」を使った名字は、どの位置に家があったかで区別しています。「川」の場合は、上流が「上」で下流が「下」、流れのどこに家があったかでついた名字だと考えられます。

寺前、宮前、前川、前坂、前田、前原、前山、財前、表

寺や神社の前に住んでいたのが「寺前、宮前」。大分県にある名字「財前」の「財」は「田んぼ」のこと。「前～」のつく名字は、家が何かの前にあったことをあらわします。「前」と同じような意味に「表」があり、石川県に多い名字です。

奥、奥田、奥野、奥村、奥山

「奥～」は、集落から見て、奥のほうにある村や山に家があったことをあらわす名字です。

川端、河端、江端、池端、田端、山端

何かの近くという意味の「端」がつく名字も、方位由来です。「川端」は、川の近くに暮らしたひとの名字です。

80　鳥取　【とくちょう】3位の「山根」がとくちょう的。13位「足立」、15位「小谷」、39位「門脇」、40位「山岸」もめずらしいです。「角、林原、米原、国頭」なども。

・内外・遠近・横脇端

横井、横江、横川、横倉、横塚、横野、横村

ふだんの生活では、「左右」も方向をしめしますが、本家に向かって右なのか本家から見て右なのかわかりづらいため、名字にはほとんど使われません。「横」という字はよく名字に使われ、何かの横にあることをあらわしました。

脇川、脇田、脇野、脇村、門脇、宮脇、森脇、山脇

「横」と同じような意味で、「脇」という字を使った名字もたくさんあります。たとえば「門脇」は、平清盛の門の脇に屋敷があり「門脇中納言」といわれた「平教盛」の末裔が名乗ったといわれています。

内田、内村、外山(とやま)、近田、遠田

「内外」も場所をあらわし、集落や勢力範囲の内側か、外側かで区別しました。また「遠近」を使って、集落からの距離をあらわす名字も生まれました。

後、後田(ごだ)

「後〜」は、家が何かの後ろにあったことをあらわしますが、あえて何かの後ろに住むことは少なかったので、名字は多くありません。

【鳥取県に多い名字 ベスト10】 1 田中 2 山本 3 山根 4 松本 5 前田 6 谷口 7 中村 8 西村 9 山田 10 小林

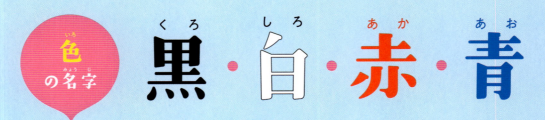

色の名字 黒・白・赤・青

古代の日本では、色の種類はおもに4つでした。色がこいものは「黒」、うすいものは「白」、赤や黄っぽいものは「赤」、青や緑っぽいものは「青」と、大きなくくりで分けられていました。

黒川、黒井、黒坂

黒は色がこいことをあらわすだけでなく、暗いという意味でも使われました。ですから日がかげって暗い場所に「黒」の字を使い、名字としました。

白山、白井、白坂、白谷

白は色がうすいことをあらわすだけでなく、明るいという意味でも使われました。ですから日があたって明るい場所に「白」の字を使い、名字としました。

赤野、赤坂、赤沢、赤川

いまでも秋になって黄に色づくようすを紅葉というように、むかしは黄も赤といいました。うつくしく紅葉する景色のある場所に、「赤」を使った地名が生まれ、そこから名字となっています。

青田、青木、青柳、青山

いまでも緑色の木々の葉を「青々とした」というように、むかしは緑も青といいました。日本じゅうに青々とした木々や田んぼ、山がありましたので地名となり、そこから名字となっています。

島根 【とくちょう】48位に「錦織」が入っています。読み方はいくつかありますが、最多は「にしこおり」。19位「勝部」、22位「野津」、23位「森脇」が島根県ならでは。

縁起のよい名字 — 吉・福

名字はその家をあらわすものです。「言霊」ということばがあるように、むかしのひとは、ことばには霊的な力が宿ると考えていました。そこから、縁起のよい字をあてた名字が生まれています。

福田、福山、幸田、宝田（ほうだ）

福や幸、宝を使った名字は、自分たちに福や富をもたらす田んぼや山でありますように、との願いがこめられています。

吉川、芳川、吉野、芳野、吉原、芳原、吉田、芳田、吉村、芳村

水辺にはえる「芦」という植物があります。「あし」という音は「悪し」にも通じることから、「よし」といいかえることがよくありました。芦のはえている川や野原をあらわす「芦川、芦野、芦原」に「吉」の字をあてました。また、吉のつく名字は植物の「芦」由来のほかに、めぐみをもたらす川、良し田、良し村になるように、との願いを込めてつくられたルーツもあります。「芳」の字も同じ意味です。

【島根県に多い名字 ベスト10】 ①田中 ②山本 ③佐々木 ④藤原 ⑤高橋 ⑥原 ⑦伊藤 ⑧山根 ⑨渡部 ⑩松本

名字コラム　もらった名字

名字の多くは地形や地名から自分でつけたものです。でも、えらいひとからもらうこともありました。手柄をたてたり、役に立ったりしたときに、ごほうびとして名字をもらったのです。

戦国時代、戦で活躍した武士はほうびに土地をあたえられました。しかし戦国時代がおわると、ほとんどがだれかの土地になっていて、あまっている土地はありませんでした。そこで、名字という栄誉をあたえることにしたのです。

いまでいえば、オリンピックで金メダルを受賞した選手などが国民栄誉賞を授与されたり、科学や文化の発展に寄与したひとが文化勲章を受賞したりする感覚で、名字をもらっていたのかもしれません！

おぬし、いくさに強いのう。よし、無敵を名乗れ！

はっ！

岡山　【とくちょう】2位の「三宅」と11位の「難波」が独特。古代から栄えていたため、「妹尾」などめずらしい名字も。ほかに、「平松、赤木、守屋、白神（しらが）、仁科」など。

ありがとう。小粥(こがゆ)の名字をつかわそう

ありがたきしあわせにございます！

小粥(こがゆ)（おかい）

武田信玄と戦った三方ヶ原の戦いで大負けした徳川家康は、逃げるときに立ちよった農家で、おかゆをふるまわれました。そのお礼に、あたえた名字です。現在でも静岡県にのこっています。「おかい」とも読みます。

昼間(ひるま)

徳川家康が武蔵国（現在の埼玉県）で川を渡ろうとしたところ、夜で真っくらでした。そこへ村びとが松明をもってあつまり、明るくてらしてくれたお礼にさずけました。現在、埼玉県南西部に多くのこっています。徳川家康は、たくさんの名字をあたえたことで有名です。お金や品物を使わずに、ほうびとして名字をあたえ、ひとびとの人気をとるのがうまかったのかも!?

昼間のように明るかった。昼間(ひるま)を名乗ってよい

【岡山県に多い名字 ベスト10】 1 山本　2 三宅　3 藤原　4 佐藤　5 田中　6 藤井　7 井上　8 小林　9 渡辺　10 岡本

植物の名字

むかしは高い建物が少なかったため、「あの松の木の下にある家」というように、高い木が目印になりました。また目立つ植物があると、そこから地名になることもありました。どちらも名字が生まれるきっかけになっています。

松（まつ）

名字に使われている植物でいちばん多いのは、「松」です。里山のほか、海岸や岩場など、きびしい環境でもよく育つため、ほかの植物がない場所でもよく見られました。また、松を燃やして「松明」として使ったり、松の実を食料にしたり、と、むかしのひとにとっては、とても身近な植物でした。冬でも葉を落とさず、1年中、青々としていることから、縁起がいいと考えられてもいます。これらのことから、名字のルーツとなったのでしょう。なお、松の語源は、「神をまつ、まつる」、「緑をたもつ」などの説があります。ランキング1000位以内で、「松」の字が入る名字は、松本、松田、松井、松尾、小松、松岡、松下、松浦、松村、松原、松永、松崎、村松、松山、松島、松沢、松野、若松、松川、植松、松木、赤松、松元、松橋、松林、永松、松葉、松坂、松谷（まつや）、吉松、小松崎、小松原、末松、久松、松倉、笠松、松丸、松宮、松藤などがあります。

杉（すぎ）

松のつぎに多いのが、「杉」です。杉はとても高く育ち、樹齢も長く、どこでも見られます。また、杉材は、遺跡から、縄文時代から利用されていたことがわかっています。日本人の暮らしに、家や家具、道具類や、げたなど、とても身近に使われていました。このことから、名字の由来になったと考えられます。ランキング1000位以内には、杉山、杉本、三本杉、杉浦、杉田、杉原、杉村、小杉、杉野、杉崎、高杉、若杉、大杉、杉江、杉谷、杉森、杉岡、杉、杉沢などがあります。

【とくちょう】1位の「山本」がとびぬけて多く、3位に「藤井」が入るのがめずらしいです。43位の「川本」は、実人数でも人口比でも全国で最多です。

広島

竹 たけ

武士は屋敷のまわりに垣根として竹を植えることが多かったので、「竹」のつく名字は屋敷由来の場合もあります。なお、「武」は、「竹」と同じ意味で使われています。1000位以内には、竹内、竹田、大竹、竹中、竹下、竹本、竹村、竹原、竹沢、竹澤、竹林、竹山、竹島、竹之内、竹井、竹川、小竹、竹谷（たけや）、竹野、竹森、武井、武石、武内、武田、武山 などがあります。

藤 ふじ

むかしは山間部から里山にかけて自生していたクズなどのツル植物を、「フジ」といいました。現在、藤棚で育てられているフジと名字の由来となったフジは、べつの品種です（「佐藤」のように下に「藤」がついて「とう」と読む名字はP102を読んでください）。1000位以内には、藤田、藤井、藤本、藤沢、藤川、藤岡、藤村、藤野、藤原（ふじはら）、藤森、藤崎、藤木、藤島、藤山、藤江、藤枝、藤谷（ふじや）、藤倉、藤永、松藤、大藤、藤平、谷藤、藤尾、藤、藤代 などがあります。

梅 うめ

梅の字を使った名字のルーツは、植物のほか、「うめたて地」につけた「うめ～」という名字に、縁起のいい「梅」の字をあてた名字もあります。1000位以内には、梅田、梅沢、梅原、梅本、梅津、梅村、梅木、梅野、梅崎 などがあります。

桑 くわ

むかしから日本では、蚕のまゆからできた生糸で絹織物をつくっていました。ですから蚕のえさとなる「桑」の木はとても貴重なもので、絹織物をつくった地域でこの字を使った名字が生まれています。また、蚕のことを「くわこ」ともいったため、養蚕業のさかんだった群馬県には「桑子」という名字があります。1000位以内には、桑原、桑田、桑野、高桑、桑山、桑名、桑岡 などがあります。

【広島県に多い名字 ベスト10】 1 山本 2 田中 3 藤井 4 佐藤 5 高橋 6 村上 7 佐々木 8 中村 9 井上 10 岡田

植物の名字

名字に使われた字を見ると、日本でむかしから重宝されてきた植物がよくわかります。植物といっても木が多く、草花由来の名字が少ないのは、1年で枯れてしまう草は目印になりにくかったからです。

桜（さくら）

名字ができたころのサクラといえば、ヤマザクラです。現在、お花見などでよく見るサクラはソメイヨシノといい、江戸時代に広まりました。桜のつく名字には、桜井、桜田、桜庭、桜木などがあります。

栗（くり）

クリは縄文時代、日本人の主食となるなど、むかしから貴重な植物でした。栗のつく名字には、栗原、栗田、栗山、栗林、小栗、栗本、栗栖などがあります。

茶（ちゃ）

茶木、茶谷 など、茶のつく名字は、色をあらわしているものではなくお茶に由来します。

柿（かき）

果実のなる木は、むかしからよい目印でした。柿のつく名字には、柿崎、柿田、柿本、柿原などがあります。

【とくちょう】山口：5位「原田」、9位「河村」が独特。41位の「河野」は「かわの」と読みます。ほかに、「弘中、水津、阿武、兼重、縄田」など。

楢 (なら)

どんぐりのとれる木は、身近な樹木でした。楢崎、楢岡、楢原のほか、奈良井、奈良岡と字をかえたものも。

椎 (しい)

いまではナラノキとシイノキを区別できるひとは少ないかもしれませんが、むかしのひとには簡単なことでした。椎名、椎葉、椎木、椎原などのほか、志位、四位と字をかえたものも。

柏 (かしわ)

柏もちに使うカシワです。新芽が出ないと古い葉が落ちないことから、子孫繁栄などを意味する神聖な木とされていました。柏木、柏原、柏崎、柏、柏倉（かしくら）など。

楠 (くすのき)

服が虫にくわれることをふせぐ樟脳の原料になるなど、身近な植物でした。また、大きく育ち、虫の害や腐敗に強いことから、仏像や船の材料にも。楠本、楠、楠田、楠木など。

萩 (はぎ)

秋の七草のひとつ。栄養状態の悪い土地にもよく育つ、強い植物です。萩原（はぎはら）、萩野、萩山、萩谷など。

榊 (さかき)

とがった葉先に神が宿るといわれ、現在でも神棚にかざられるなど、神聖な植物とされています。榊原、榊、榊田など。

梶 (かじ)

古代、神にささげる神木とされ、神社の境内などにもうえられました。梶原（かじはら）、梶田、梶、梶山、梶谷、梶川、梶本など。

柳 (やなぎ)

柳は街路樹などにも使われていました。水辺に育つものだけでなく、山地に育つものもあります。柳、柳沢、柳田、小柳（こやなぎ）、高柳、柳原、柳川、柳瀬、柳井、柳沼、柳本、柳谷など。

桐 (きり)

げたやタンスに使われるなど、良質の木材としてよく使われていました。桐山、桐原、桐谷（きりや）、桐野、桐村など。

榎 (えのき)

むかしは大きな街道の1里（およそ3.927キロメートル）ごとに、エノキをうえました。大きな葉が広がるため、旅人に日陰をつくる重宝な木だったのでしょう。榎、榎木、榎本など。

【山口県に多い名字 ベスト10】 1 山本 2 田中 3 中村 4 藤井 5 原田 6 伊藤 7 林 8 西村 9 河村 10 藤本

名字コラム 日付の名字

月日をあらわす漢字が、名字になっているものがあります。
いったいどう読むのでしょうか。
また、どんな意味があるのでしょうか。

まるで語呂合わせ？

月日が名字になっている代表的なものは、富山県を中心に日本海側にある、「四月朔日」です。朔日は1日の意味で、むかしは4月1日になると、寒い時期に着る袷の着物から、綿をぬいて単衣にしました。そこで「わたぬき」という読みの名字に。九州地区では、「四月一日」と書くほうが多いようです。また、福井県では、同じ漢字で「つぼみ」と読むことも。つぼみがふくらみはじめるころだからと考えられます。いま名字ができるなら、エイプリルフールですから「うそよし」!?

もうひとつ、群馬県を中心に関東地方に多い名字で、「八月一日」があります。8月1日に、稲の穂をつんで神様におそなえしていたことからついた名字と考えられます。こちらも「八月朔日」と書く場合もあります。

90 徳島 【とくちょう】大分県とともに「佐藤」が1位なのは西日本ではめずらしいです。22位「坂東」、31位「板東」と、2種類入っている「ばんどう」がとくちょう的。

動物の名字　馬・牛

植物にくらべて数は多くないものの、動物にちなんだ名字もあります。むかしの日本人の生活など、動物由来の名字からさまざまなことがわかります。

馬場、牧、小牧、駒井、駒田、駒形、駒沢、駒場、駒崎

名字に使われている動物でいちばん多いのが、「馬」です。蒸気機関が発明されるまで、ウマは貴重な動力源でした。また戦では、よいウマがいることで強さが決まりました。「馬場」はウマを訓練するところ、「牧」はウマやウシを放牧して育てたところで、どちらも各地にあり地名から名字となりました。「駒」も同じ意味。

牛田、牛山、牛尾、牛丸、牛島、牛込、牛木

ウシも、ウマと同様に、田畑を耕すときに動力として使ったり、平安時代には牛車という貴族の乗りものを引かせたりしました。牛の字を使った地名が全国にあり、そこから名字になっています。

【徳島県に多い名字 ベスト10】 ①佐藤 ②吉田 ③近藤 ④森 ⑤田中 ⑥山本 ⑦林 ⑧大西 ⑨山田 ⑩中川

動物の名字 — 猪・鹿・熊・猿

野生動物もかつては里山でよく見られる身近な動物でした。イノシシやシカなど貴重な食料だった動物のほか、クマやサルといった動物も、名字に使われています。

猪原、猪口、猪俣、鹿島、鹿田、鹿野（かの）

野生のイノシシとシカは、むかしのひとにとって大切なタンパク源でした。イノシシやシカがよく現れる場所は「猪原」や「鹿野」などといわれ、そこに住んだひとが名乗るようになりました。

猿渡（さわたり）

「猿渡」は猿でも渡れるくらいせまい渓谷の意味と考えられています。また、崖崩れのことを「さる」といったため、そうした地形に里山でよく見かける「猿」の字をあてた名字も生まれています。

大熊、熊木、熊切、熊倉、熊崎、熊沢、熊田、熊野

「おくまった場所、切り立った崖」という意味をあらわす「隈」という地形に、「熊」の字をあてました。「熊切」はおくまった場所を切りひらいた開拓者が名乗った名字。むかしのひとはクマに悪いイメージはなく、むしろ強くて縁起のよい字と考えていました。

香川　【とくちょう】全国で唯一「大西」が1位。17位の「香川」は、神奈川県がルーツの名字です。ほかには、「宮武、合田、山地」などが香川県に独特の名字です。

動物の名字
犬・鳥・魚・貝

イヌのつく名字はあっても、ネコのつく名字はほとんどないのは、わたしたちの暮らしが変わってきたからともいえるでしょう。ツルやコイなどのつく名字からは、むかしのひとが縁起のよい字をいかに大切にしたかが、よくわかります。

犬飼、犬塚、犬伏、犬童、犬丸、犬山、犬井

イヌはかつて番犬や猟犬として、生活に必要なパートナーでした。「犬飼」はそうしたイヌを飼うことを仕事にしていたひとの名字です（職業由来の名字はP96も読んでください）。なお、いまでこそ人気のネコがつく名字は「猫田」がようやく2万位に入るくらい。名字がたくさん生まれた平安時代後期から室町時代にかけて、ネコを飼っていたのは天皇や貴族だけでした。しょ民にはなじみがなく、名字には使われなかったのです。

鯉沼、鯉淵、貝瀬、貝塚、磯貝、細貝

魚が名字になる場合、川魚にちなむことがほとんど。海の魚で家を区別することはむずかしかったからです。コイは滝をのぼって龍になるという伝説から、おめでたい言葉でもありました。なお、貝のつく名字は、海の近くで多く生まれています。

鶴、鶴岡、鶴田、鶴野、鶴見、鷲尾、鷲田、鷲野、鷲山、鷹取、鷹野、鷹見、鴨井、鴨川、鴨志田、鴨田

動物が出てくる名字で、ウマのつぎに多いのがツルです。ツルはかつて日本じゅうにいて、とても縁起のよいトリだったことから使われたと考えられます。また川が細く曲がっている場所を「つる」といったため、川ぞいに見られる鶴のつく名字は、「つる」に「鶴」の字をあてたものも多いと考えられます（「つる」についてはP40を読んでください）。つぎに多いのがワシとタカで、むかしは里でもよく見られたからでしょう。カモも貴重なタンパク源でした。

【香川県に多い名字 ベスト10】 1 大西 2 田中 3 山下 4 高橋 5 山本 6 森 7 多田 8 中村 9 松本 10 三好

十二支の入った名字

十二支とは中国から伝わってきた暦法で、
子・丑・寅・卯・辰・巳・午・未・申・酉・戌・亥に、
ねずみ・うし・とら・うさぎ・たつ・へび・うま・ひつじ・さる・とり・いぬ・いのししの
12の動物をあてはめたものです。
これらの動物名は、名字に使われているでしょうか。

子（ね）

鹿児島県の「子島」、秋田県の「子野日」、北海道の「子出藤」などがあります。「鼠」のつく名字はさらに少なく、中国地方に「鼠尾、鼠谷」、石川県に「鼠田、鼠淵」、神奈川県に「鼠入」という名字があります。「鼠」という漢字からは、動物のネズミそのものを連想してしまうためでしょう。

丑（うし）

いちばん多いのは、長野県の「丑山」です。ついで多いのが「丑田、丑久保」で、「丑田」は宮城県、兵庫県、広島県などに、「丑久保」は埼玉県北部の行田市と羽生市に集中しています。ルーツとしては、「牛」と「丑」は同じで、「牛」のついた名字のひとの一部が分家したときに同じ意味の漢字に変えたのが、「丑」のつく名字の由来です。

寅（とら）

いちばん多いのは「寅丸」。つぎが青森県三戸郡階上町の道仏地区に集中している「寅谷」。「～谷」という名字は、西日本では「～たに」と読みますが、東日本では「～や」と読むほうが多いです。以下「寅本、寅野」と続きますが、かなりめずらしいです。「虎」ではじまる名字も少なく、これは日本にトラがいなかったためと考えられます。

卯（う）

いちばん多いのは「卯月」ですが、ウサギの意味はなく、4月をあらわしていると考えられます。つぎに、「卯野、卯田、卯川、卯之原」と続きます。これらもウサギではなく「宇」の漢字から変化した可能性が。石川県や富山県に多い「卯尾」は、この地方独特の「魚」姓の漢字を変えたものと考えられます。また、ユキノシタ科の低木であるウツギに「卯木」の漢字をあてることもあり、これは植物由来です。

愛媛　【とくちょう】1位に「髙橋」は、西日本では愛媛だけ。4位に古代豪族末裔の「越智」が入るほか、5位「渡部」、6位「渡辺」と「わたなべ」が並ぶのもめずらしいです。

辰

「辰」のつく名字は多く、いちばん多いのは「辰巳、辰己」です。ただし、伝説の生き物「龍」にちなんでいるのではなく、方角由来の名字（くわしくはP79を読んでください）。村の中心地や、領主などの屋敷から見て東南の方角に住んでいたひとが、名乗りました。

巳

「巳」のつく名字でメジャーなのは「辰巳」。「辰＝東南東」と「巳＝南南東」の間、つまり、南東の方角に由来します。ほかは「巳亦」などめずらしいものが多く、多くは「み」という言葉に、漢字をあてたものです。

午

「午」のつく名字は「午腸」くらいです。おそらく信濃善光寺の後庁家の末裔だと考えられます。平安時代末期の武将の岡田親義の子孫が、信濃後庁（長野市）に住んで名乗りました。「馬」のつく名字は「馬場」がいちばん多く、「うま」とよむ名字は、「馬田」など。福岡県朝倉市や兵庫県福崎町にはこの地名があり、ここがルーツと思われます。

未

「未」という漢字を「ひつじ」という意味で使った名字はほとんどありません。日本でヒツジの飼育をはじめたのは江戸時代後期からだからです。多くは「み」という言葉に、この漢字をあてたものです。

申

「さる」という意味で「申」を使っている名字は、「申賀、申田、申谷」などがありますが、数はとても少ないです。ほかには、「申原」などがあります。

酉

「酉」のつく名字は少ないので、「鳥」のつく名字を見てみましょう。いちばん多いのは「鳥居」で、神社にある鳥居が由来。「白鳥（しろとり）」がつづきます。鳥の種類で見ると、一般的な名字といえる5000位までに14個も入っています。ワシとタカが多く、「鷲見（すみ）、鷲尾、鷲野、鷲田、鷲津」、「鷹野、鷹取、小鷹」が入っています。

戌

「戌」と書く名字は「戌亥」くらいしかなく、「戌＝西」と「亥＝北」の中間、北西を指す方角由来の名字です。「犬」の入った名字としてもっとも多いのは、「犬飼」です。ついで多いのは「犬塚、犬伏、犬童（いんどう、けんどう）、犬丸、犬山」。「犬」をあらわすちがう漢字としては、「狗飼、狗巻」など、「狗」という漢字を使う名字もあります。

亥

「亥」ではじまる名字は、「亥野、亥飼、亥ノ瀬、亥角」くらいです。おそらく「猪野、猪飼、猪瀬」が変化したものでしょう。「亥角」は亥の方角（北北西）をルーツとする方位姓だと考えられます。「猪」のつく名字はよくありますが、日本海側にはあまり見られません。イノシシは足が短く雪かきが苦手なため、日本海側には生息していなかったといわれていて、名字からもこのことがわかります。

【愛媛県に多い名字 ベスト10】 1 高橋 2 村上 3 山本 4 越智 5 渡部 6 渡辺 7 松本 8 田中 9 伊藤 10 井上

95

職業の名字 — 部・飼（べ・かい）

服部、錦織（にしこおり、にしこり、にしごり）

機織りを担当したひとたちを「服織部」といいました。そこから字では「織」が、読みでは「べ」がぬけて、さらに読み方が変わって生まれた名字が「服部」です。服織部は、九州をのぞく日本全国に広がっており、織っていた織物は、麻などの植物繊維だと考えられています。「錦織」は絹織物にたずさわっていた「錦織部」がルーツ。

弓削、矢作、須恵、陶

弓をつくった「弓削部」にちなむのが「弓削」、矢をつくった「矢作部」から生まれた名字が「矢作」。「須恵、陶」という名字は、須恵器という土器をつくった「陶作部」がルーツです。

海部

古代、海産物を管理したり、航海技術で朝廷につかえた「海部」がルーツの名字です。

【とくちょう】2位に「山崎」が入るのがとくちょう的。「岡林、片岡、西森、安岡、中平」が上位に入っているのも高知ならでは。ほかに、「公文、楠瀬、森岡」など。

「〜部」という名字の多くは、古代、
特定の技能で朝廷につかえた「職業部」にルーツがあります。
むかしは親から子へ職業が引きつがれることが多かったため、
職業にちなんだ名字が生まれたのです。

三宅、田部(たべ)、田辺、田邊

朝廷の田んぼ「屯倉」を管理していたひとが「三宅」、耕していたひとたちを「田部(たべ)」といいました。田辺も同じルーツです。

鵜飼、鳥飼、牛飼、犬飼、犬養

動物名に「飼」のついた名字は、その動物を育てる仕事をしていたひとたちの名字であることが多いです。犬養も同じ意味(動物名が由来の名字はP91-93も読んでください)。

戸部、大蔵

古代、戸籍を管理していたひとたちが「戸部」、そこから「戸部」の名字に。朝廷でお金の管理をしていた「大蔵寮」がルーツの名字が「大蔵」です。また、他国からの贈り物などを納めた場所を、大蔵といいました。なので、大蔵のあった場所に住んでいたひとや、大蔵で働いたひとなどが名乗ったと考えられています。「大倉」も同じ意味(大きな崖に由来する場合も。くわしくはP51を読んでください)。なお、現在の財務省と金融庁も、2001年までは大蔵省といいました。大蔵という名称は、1300年以上、続いていたことになります。

【高知県に多い名字 ベスト10】 1 山本　2 山崎　3 小松　4 浜田　5 高橋　6 井上　7 西村　8 岡林　9 川村　10 山中

職業の名字 — 司（つかさ）

土地をおさめた有力者たちや、天皇につかえたひとたちにも、それぞれ職業名がありました。それらはやがて、一族をあらわす名字として使われるようになったと考えられています。

郡司、軍司、郷司、村主、刀根、刀禰、刀祢

朝廷から地方をおさめるために派遣されたひとを国司といい、国司をささえる「郡司」には、その土地の有力者がなりました。「軍司」も同じ由来です。郡よりちいさい郷をおさめたひとが「郷司」。また、いまでいう村長が「村主」で、村の有力者で行政側のいちばん下のほうにいたひとを「とね」といい、さまざまな字をあてました。

長谷部、軽部、白神

5世紀後半に活躍したとされる第21代天皇・雄略天皇につかえたのが、「長谷部」です。埼玉県稲荷山古墳から出土された鉄剣銘に見える「獲加多支鹵大王」が雄略天皇だと考えられています。雄略天皇の兄・木梨軽皇子につかえたのが「軽部」。また、雄略天皇の子・清寧天皇は、生まれつき白髪だったため、白髪皇子といわれました。白髪皇子につかえたひとたちが「白髪部」で、これに由来する名字が岡山県に多い「白神」です。

荘司、庄司、東海林（とうかいりん）、公文、下司、税所、土倉（はぐら）

荘園を管理するひとを「荘司」といいました。「東海林」はもともと「とうかいりん」でしたが、一族が荘司をつとめていたため、「しょうじ」と読むようになったとも。荘園で税を集めたひとが「公文、下司」で、国司のもとで税を管理した役所が「税所」です。また、室町時代以降になると商業が発展し、金融業者を「土倉」といいました。

【福岡】【とくちょう】4位「古賀」、8位「松尾」など、北九州全体をあらわしたようなランキング。21位に「石橋」が入るのは独特。「城戸、安永、安武、石松、白水（しらみず）」なども。

職業の名字 / 屋号（やごう）

江戸時代になると、「〜屋」という屋号を名乗る商家がふえました。「〜」の部分には、地名やあつかっている商品名が入りました。明治になって名字を戸籍に登録するとき、この屋号を名字にしたひとたちがいます。

〜屋を名字にしたとき

たとえば「越後屋」は、戸籍に登録するとき、つぎの3つのパターンがありました。

1 屋号のまま
越後屋

【その他の名字例】
加賀屋、播磨屋、三河屋、紺屋 など

2 「屋」を「谷」にかえて
越後谷

【その他の名字例】
加賀谷、播磨谷、刀谷、鍋谷（なべたに）、鱠谷、日根野谷、小間物谷、名小路谷、風呂谷、紺谷（こんたに）、網谷（あみたに）、米谷（こめたに） など

3 「屋」をとって
越後

【その他の名字例】
加賀、播磨、網、石灰、米、伊勢、河内（かうち、こうち）、番匠 など

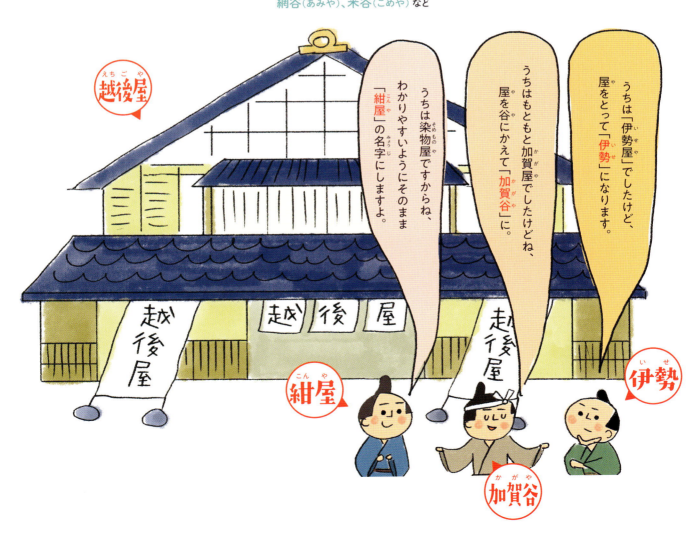

うちは染物屋ですからね、わかりやすいようにそのまま「紺屋」の名字にしますよ。

うちはもともと加賀屋でしたけどね、屋を谷にかえて「加賀谷」に。

うちは「伊勢屋」でしたけど、屋をとって「伊勢」になります。

【福岡県に多い名字 ベスト10】 1 田中　2 中村　3 井上　4 古賀　5 山本　6 吉田　7 佐藤　8 松尾　9 渡辺　10 山口

釈・梵 (しゃく・ぼん)

職業の名字

江戸時代、武士以外にも名字はありましたが、僧侶にはありませんでした。それまでの名前はすてて出家するからです。僧侶のなかには、明治時代になって戸籍に登録するとき、仏教用語や経典から名字にしたひとがいます。

釈 (しゃく)

僧侶が名乗った名字で、いちばん多いのが「釈」です。仏教をひらいた「お釈迦様」に由来しています。

梵 (そよぎ)

古代インドで世界の創造主とされ、仏教にとりいれられた「梵天」から。「梵」という漢字の意味が「木の上を風がそよそよとそよぐこと」なので、「そよぎ」という読み方になりました。

無着 (むちゃく)

お釈迦様が入滅して1000年くらいたった、5世紀ころに活躍した僧侶・無著にちなんだ名字です。京都の興福寺には、鎌倉時代につくられた無著の像があり、国宝に指定されています。なお、僧侶由来の名字は、読み方が難しいものが多いのも、とくちょうです。

大谷 (おおたに)

浄土真宗をひらいた親鸞の墓所がある、京都の大谷に由来する名字です。なお、「大きな谷」という地形にちなむ名字のほうが多いです。

100 【佐賀】【とくちょう】長崎県と似ていますが、25位「江頭」、29位「副島」、35位「大坪」が独特。ほかに、「岸川、脇山、陣内、南里、草場、百武、大隈」も佐賀県ならでは。

名字コラム 「鬼」のつく名字は海賊が由来？

なんとなく強そうなイメージもある「鬼」のつく名字。
多いエリアなどから、ルーツが見えてくるようです。

「数字＋鬼」の名字で判明!?

「鬼」という漢字のつく名字はいくつかあります。「鬼木」は福岡県、「鬼塚」は熊本県など、九州に多い名字です。

下に「鬼」がつく名字で代表的なのは、「九鬼」。織田信長につかえて水軍をひきい、活躍した家系です。この「九鬼」は、志摩半島の海賊の頭でした。紀伊半島には「三鬼」や「四鬼」、「五鬼上」という名字も。「鬼」は海賊のことをさしていて、数字が大きくなるほど強かったとも考えられています。

また「鬼頭」という名字もよくあり、三重県から愛知県にかけての伊勢湾沿岸に集中しています。海賊の長だったのかもしれませんね。

なお、山が多いエリアでは、山伏（山中で修行する僧のこと）にちなむ名字とも考えられています。

ぼくの名字は鬼頭。先祖は海賊だったかも……。

【佐賀県に多い名字 ベスト10】 1 山口　2 田中　3 古賀　4 松尾　5 中島　6 池田　7 中村　8 井上　9 江口　10 吉田

101

藤原氏由来の名字 — 藤

土地の名がついた藤原氏

おさめている地名と藤原氏の「藤」を組みあわせて名字にしました。

安藤 安芸国（現在の広島県西部）の藤原氏。
＊安倍氏と藤原氏が婚姻関係をむすびできた名字とも。

近藤 近江国（現在の滋賀県）の藤原氏。

加藤 加賀国（現在の石川県南部）の藤原氏。

周藤 周防国（現在の山口県東部）の藤原氏。

須藤 那須（現在の栃木県北東部）の藤原氏。

遠藤 遠江国（現在の静岡県西部）の藤原氏。

尾藤 尾張国（現在の愛知県西部）の藤原氏。

伊藤 伊勢国（現在の三重県のほとんど）の藤原氏。

後藤 備後国（現在の広島県東部）の藤原氏。

紀藤 紀伊国（現在の和歌山県と三重県南部）の藤原氏。

長崎　【とくちょう】佐賀県とともに「山口」が1位。17位「岩永」はめずらしく、16位「林田」、41位「平山」などもとくちょう的。ほかに、「阿比留、高比良、深堀」なども。

平安時代、大きな力をもっていた貴族の「藤原氏」は、一族の人数も多く、家と家を区別するためにあたらしく名字をつけました。
「〜藤」と下に「藤」の字がつく名字は、この藤原氏由来が多いです。

職業の名がついた藤原氏

職業名と藤原氏の「藤」を組みあわせて名字にしました。

内藤

天皇の雑役や護衛にあたった内舎人となった藤原氏が名乗りました。現在でも、宮内庁職員のうち、天皇の日常生活を支え、地方訪問にも一緒に行く担当を、内舎人とよんでいます。

佐藤

左衛門尉（むかしの軍隊のひとつ、左衛門府の役人）となった藤原氏。「佐藤」は全国でいちばん多い名字です。その理由は、本拠地としていた東北は人口が少なかったため、分家した際、そのまま「佐藤」を名乗りつづけても混乱が起きにくかったことや、中央へのあこがれから中央の名家とつながる名字を変えなかったためと考えられます。
＊なぜ「左」の字ではなく「佐」にしたのかは、わかっていません。

武藤

天皇の御所を警備した武者所につかえた藤原氏。
＊武蔵国の藤原氏ともいわれています。

斎藤

伊勢神宮につかえる結婚前の皇女を斎宮といいました。この斎宮のお世話をする役所が斎宮寮で、その長となるのが斎宮頭。平安時代の貴族、藤原利仁の子・叙用がこの職につき、「斎藤」を名乗りました。

工藤

朝廷の修繕を担当する木工寮の官僚となった藤原氏。

【長崎県に多い名字 ベスト10】 1 山口 2 田中 3 中村 4 松尾 5 松本 6 山下 7 吉田 8 森 9 山本 10 前田

名字コラム 五十音で最初と最後の名字

学校では、出席簿の順番で名前をよばれることもあるでしょう。
そのとき、最初と最後は、何さんですか。
地域によっても、ちがいがありそうです。

「あ」と「ん」の名字は!?

五十音でいちばん先にくる文字は「あ」。でも、「あ」という名字は、ありません。つぎが「あい」で、じつはいろいろな書き方をする「あい」さんがいます。いちばん多い「阿井」は、静岡県、茨城県、岡山県、大阪府にいます。つぎが「藍」で、千葉県北部に。3番目が「相」で、こちらは千葉県南部にいます。4番目は「愛」ですが、分布は各地に広がっています。

五十音で最後にくる名字は、「和田」か、「渡辺」、「渡部（わたべ）」という地域が多いかもしれません。でも、「わん」ではじまる「椀田、椀平、湾洞、湾野」という名字があります。いちばん最後は、「分目」。千葉県市原市の地名がルーツです。「ん」さんは、いません。

第3章
名字の由来をしらべてみよう！

自分の名字や、お友だちの名字は、
どうやって、できたのでしょう？
名字の由来をさぐることは、
さまざまなことを知るきっかけになります。
名字の由来をしらべてみましょう。

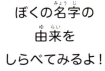

ぼくの名字の
由来を
しらべてみるよ！

プロフィール
名前　　　　：戸来裕樹
学年　　　　：5年生
出身地　　　：東京
好きな食べ物：納豆
好きなスポーツ：サッカー
得意な科目　：音楽

名字は室町時代にはすでにあったから、江戸時代より前の地名をしらべる必要があるんだ。むかしの地名がたくさんのっている、『日本歴史地名大系』（平凡社）、『角川日本地名大辞典』（角川書店）などの大きな事典が役に立つよ。

いくつかの県に自分と同じ名字の地名がある場合には、家族に、ご先祖様の出身地がどこか聞いてみると、ルーツのヒントになるはずだよ。

いまの青森県新郷村に、戸来という村があったみたい。「木村家12代秀勝の長男・政秀が戸来郷を領して戸来氏と称した」って書いてある。戸来村をおさめていた武士の一族が、村の名前を名字にしたということだよね。おじいちゃんは青森県の出身だし、ここが名字のルーツかな！

その可能性は高いね。もう少ししらべると、もっとたしかなことがわかるんだけど、トライしてみる？

はいっ！

【宮崎県に多い名字 ベスト10】 ① 黒木（くろき、くろぎ） ② 甲斐 ③ 河野 ④ 日高 ⑤ 佐藤 ⑥ 長友 ⑦ 田中 ⑧ 児玉 ⑨ 中村 ⑩ 山下

111

まずは、地名辞典で見つけた現在の地名に、どのくらい同じ名字のひとが住んでいるか、しらべるよ。戸来くんだったら、むかしの戸来村、つまり、いまの新郷村に、「戸来」という名字のひとがどのくらい住んでいるか、しらべてみよう。

でも、どうやってしらべるの？インターネットでもしらべられないでしょう？

それには、電話帳が便利だよ！

森岡メモ

電話帳とは、各家庭の電話番号がのっている冊子のこと。いまでは、携帯電話を使っていて固定電話をもたない家庭や、もっていても、プライバシーを守るために電話帳には番号をのせていない家庭も多い。だからむかしにくらべると電話帳はすごくうすくなっている。それでもまだ全国で数百万世帯の人名と電話番号がのっているから、いっぱんのひとが手軽にしらべるには、とてもいいデータベースなんだ。

へえ〜。

鹿児島 【とくちょう】「〜もと」と読む名字は、「松元、坂元、福元、岩元、山元」など、「〜元」と書きます。「有村、鮫島」が独特で、ほかに、「大迫、瀬戸口、伊地知」なども。

新郷村以外にも、戸来さんがいるかどうか、しらべてみようか。そして、新郷村に戸来さんがいちばん多いことがわかれば、この地名がルーツで決まりだね。

うーん、それはどうかな？

9人いました！
これでルーツは戸来村に決まりですか？

電話帳はうすいけれど、ぜんぶ見るのはたいへんですっ！

そうだね。

森岡メモ

1700以上もある市町村をぜんぶしらべるのはたいへんだから、まずは県庁所在地を見てみよう。47か所ですむし、多くのひとが集まるから、その都道府県の名字のとくちょうがわかるよ。

盛岡市に11人、青森市にひとり。あれ？青森県に由来があるはずなのに、岩手県のほうが多い……。

むかしの県のさかい目と、いまのさかい目はちがうし、ひとがうつり住んだ可能性もあるよ。青森県と岩手県の市町村をぜんぶ見てみよう！

【鹿児島県に多い名字 ベスト10】 1 中村 2 山下 3 田中 4 前田 5 浜田 6 東 7 山口 8 池田 9 川畑 10 松元

「戸来」さんが5軒以上あったのは、青森県は、十和田市 28、八戸市 24、新郷村 9。岩手県は、花巻市 52、二戸市 34、盛岡市 11。新郷村より多い都市が、こんなに……。

同じ名字のひとが多い、少ないを考える場合、ひとつ大切なことがあるんだ。

森岡メモ

その都市に、どのくらいのひとが住んでいるかを示す人口と、自分の名字との割合を考えることが必要だよ。人口100万人の都市に100世帯いるのと、人口1万人の村に10世帯いるのとでは、人口1万人の村のほうが割合が多いといえるんだ。

 <

市町村の人口あたりの「戸来」の世帯数

市町村名	世帯数／人口
十和田市	28／61,857人（平成30年）
八戸市	24／229,685人（平成30年）
新郷村	9／2,547人（平成30年）
花巻市	52／96,535人（平成27年）
二戸市	34／27,611人（平成27年）
盛岡市	11／294,271人（平成30年）

じゃあ、やっぱりいまの新郷村、むかしの戸来村が、戸来の名字のルーツで決まりですか！やったー！

よくやった！

そうだね、よくやったね！おめでとう！

沖縄 【とくちょう】「上原、石川、中村、松田」を除いて、本土とは全くちがう名字が上位に並びます。「金城、大城」など、「城」のつく名字が多いです。

「おもしろかったなぁ。今度は「木村」さんのルーツもしらべてみようかなぁ。戸来村にきたひとたちも、もともと木村さんだったわけでしょう？」

「それはいい考えだね。でもね、じつは「戸来」はルーツがわかりやすい名字なんだ。」

森岡メモ

「木村」さんは地名がルーツだけれど、木村という地名があった都道府県はたくさんあるし、全国におおぜいの木村さんが住んでいるから、ご先祖様のルーツがどのあたりにあるか知らないと、しらべるのはむずかしい。メジャーな名字はルーツがありすぎるし、マイナーな名字は情報がなさすぎて、しらべてもわからないかもしれない。ちょっとめずらしい名字は、しらべやすいんだ。

「名字のルーツがわからなくても、がっかりすることはないよ。地名辞典を見たり、家族や親戚に名字のルーツを聞くことで、家族の歴史や住んでいる地域のことを知ることができるんだから。」

さようなら！

「はいっ！いままで知らなかったことをたくさん知ることができて、おもしろかったです。」

先生、ありがとう。さようなら！

【沖縄県に多い名字 ベスト10】 1 比嘉 2 金城 3 大城 4 宮城 5 上原 6 新垣 7 島袋 8 平良 9 玉城 10 山城

まとめ　名字の由来のしらべ方

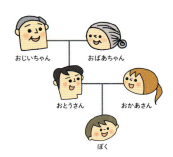

ステップ1　家族や親戚に、名字のルーツを聞いてみよう。お墓がどこにあるか、家に家系図があるかないか、ご先祖様の出身地がどこかなど、名字につながりそうなことは、なんでも聞いてみて。答えがあいまいでも、ヒントになる場合もあります。

ステップ2　自分の名字のルーツがつぎの5つのうち、何にあてはまるか考えてみよう。

【地形・風景】山や田、川、井などの文字が入った名字。
【地名】地名に由来する名字。
【方位・方角】東西南北や、上下などの文字が入った名字。
【職業】部や飼、動物の名前などが入った名字。
【下に藤】藤原家由来の名字。

ステップ3　自分の名字と同じ地名があるか、歴史地名辞典でしらべてみよう。『日本歴史地名大系』(平凡社)や、『角川日本地名大辞典』(角川書店)の索引からひいてみるといいでしょう。

ステップ4　名字の分布をしらべてみよう。歴史地名辞典でしらべた地名の、現在の地名に、どのくらい自分と同じ名字のひとが住んでいるか、電話帳を使ってしらべてみよう。さらに、全国の県庁所在地もしらべてみます。よゆうがあれば、県庁所在地以外の大きな都市もしらべてみると、よりくわしくわかることがあります。

ステップ5　ステップ4で調べた県庁所在地や大きな都市がある都道府県の市区町村を、すべてしらべてみよう。人口比で、自分と同じ名字のひとが多ければ、そこがルーツと考えられます。

アドバイス！
地名と名字の分布が合わない場合

地名がルーツではない可能性があります。地形がルーツの場合は、同じ名字のひとが多い場所に、ほんとうにそういう地形があるかどうかしらべてみよう。あるいは職業由来の場合もあります。その土地で発展している商業をしらべてみるのも、名字のルーツ探しのヒントになります。

名字コラム あたらしい名字ができるとき

日本の名字といえば、室町時代ころまでに漢字を組みあわせてできたものがほとんどです。しかし、近年ではこれまでになかったような名字が生まれています。なぜなのでしょうか。

外国人が日本の国籍を取得

サッカーや野球、相撲などのスポーツ界では、外国からやってきて、そのまま日本に暮らしつづけるときに、「帰化」といって日本の国籍を取得するひとがいます。また、親は外国籍をもつ外国人でも、日本生まれ日本育ち、というひとも増えています。そういうひとたちが国籍をえらぶときに、日本の国籍をえらぶ場合もあります。

日本では、名前を戸籍に登録する必要があります。1990年ころまでは、外国人が日本の国籍を取得する場合、結婚した相手の名字を自分の名字にするなど、日本風の名字をつけることがほとんどでした。しかし最近では、自分がもともと名乗っていた名字に近い音をカタカナであらわすなど、これまで日本にはなかった名字を使うひとが増えています。日本政府は、基準を発表していないのでくわしいことはわかりませんが、時代の変化とともに、条件が変わってきたようです。

ブラジル国籍の名前、**ルイ・ゴンサゥヴェス・ラモス・ソブリニョ**から、日本の名前をつけました。以前は名字は漢字でなければいけませんでしたが、現在ではカタカナでも登録できるようになりました。

アメリカ国籍だったときは、**サレバ・ファウリ・アティサノエ**という名前でした。日本に帰化するときは、おすもうさんだったときの名前・四股名からつけて、日本風の名前にしました。

ラモス 瑠偉
名字　名

小錦 八十吉
名字　名

名字 さくいん

あ

阿井	104
藍	104
相	104
愛	104
相沢、相澤	13
青木	6,82
青島	62
青田	82
青柳	13,82
青山	10,82
赤川	82
赤木	84
赤坂	82
赤沢	82
赤野	82
赤羽	55
赤羽根	55
赤星	75,106
赤松	86
安芸	73
秋保	65
秋田	14
秋元	14
秋山	8
阿久津	32,54
圷	54
浅井、淺井	11
浅田、淺田	13
浅野、淺野	9,60
浅見	40
東	12,24,78
安達	11
足立	10,66,80
中	79
阿比留	102
阿武	88
阿部	6,21,23,24,25,27,49,109
安部	11,24,109
安倍	24
阿倍	24
阿辺、阿邊	24
天野	10
網	77,99
網谷	99
網谷	99
飴	77
雨宮	56
新井	7,39,40,41,46
荒井	9,46

新垣	115
荒川	11
荒木	9,49
新木	49
有村	112
安斎	28
安藤	7,60,102
井	62,106
伊	62
飯島	11,30
飯田	8
飯塚	11,54
井奥	74
亥飼	95
猪飼	95
五十嵐	8,14,27,48,49,69
井川	46
井口	12
池	47
池上	14,47
池沢、池澤	47
池尻	47
池田	6,101,113
池端	47,80
池畑	47
池辺、池邊	47
池谷	62
石井	6,43
石垣	60
石川	6,14,33,114
石黒	13
石毛	42
石崎	14
伊地知	112
石田	7
石塚	11
石灰	77,99
石橋	9,42,60,98
石原	8
石松	98
石山	13,38
伊集院	74
石渡	46
亥角	95
泉	12,53
泉川	53
泉沢、泉澤	53
伊勢	99
磯貝	93
市川	8
一条	56
一戸	18
鴨脚	43,44
出口	13
糸井	70
伊東	9

伊藤	6,17,21,23,25,27,43,45,47,59,61,63,64,65,66,67,83,89,95,102
稲垣	11
稲田	13,48
稲葉	12
乾	76,79
犬井	93
戌亥	95
犬飼	64,93,95,97
狗飼	95
犬養	97
犬塚	93,95
犬童	93,95
犬伏	93,95
狗巻	95
犬丸	93,95
犬山	93,95
亥野	95
猪野	95
井上	6,46,69,71,73,75,77,85,87,95,97,99,101
猪口	92
井下	46
亥ノ瀬	95
猪瀬	95
猪原	92
猪俣	92
今井	7,46
今村	10
一口	43,44
入江	13,45
岩井	12
岩切	110
岩崎	7
岩瀬	14
岩田	8
岩永	102
岩橋	78
岩本	9
岩元	112
犬童	95
ウィリアムズ	30
ウィルソン	30
上島	50
上杉	70
上田	7,77
植田	11
上野	7
上野山	78
上原	10,114,115
植松	62,86
上村	13,106
魚	77,94
卯尾	94
魚倉	77
魚住	74

鵜飼	97	海老原	40	奥	80		
卯川	94	蛯原	110	奥田	10,80		
宇佐	75	遠藤	6,29,102	奥谷	52		
牛尾	91	尾	62	奥野	13,80		
牛飼	97	及川	11,21	奥村	9,80,81		
牛木	91	大井	14	奥山	12,80		
丑久保	94	大石	9,62	小倉	10		
牛込	91	大泉	53	小栗	88		
牛島	91	大内	12	桶	77		
牛田	91	大河	11	尾崎	9		
丑田	94	大川	11	越阪部	40		
牛丸	91	大木	12	長内	18		
牛山	91	大久保	9,14,54	小沢、小澤	9,42		
丑山	94	大熊	40,92	小島	50		
後	81	大隈	75,100	小田	9		
後田	81	大蔵	97	織田	68		
臼井	14	大崎	14	小鷹	95		
笛吹	54	大迫	52,112	小田島	20		
渦巻	34	大沢、大澤	9,42	越智	13,94,95		
卯田	94	大島	9	落合	12,40		
内田	7,81	大城	13,114,115	鬼木	101		
内村	81	大杉	86	鬼塚	101		
内山	9	太田	6	小野	7,109		
卯木	94	大田	13	小野寺	10,14		
卯月	94	大竹	12,87	小原	12		
宇都宮	67	大谷	9,52,100	小俣	56		
有働	106	大塚	7,54	表	80		
宇野	12	大槻	14,70	小柳	89		
卯野	94	大坪	100	折	77		
卯之原	94	大楢	26	音頭	77		
馬田	95	大西	7,73,91,92,93				
梅木	87	大野	7	**か**			
梅崎	87	大場	12				
梅沢	87	大橋	8,60	何	62		
梅田	12,87	大林	53	貝瀬	93		
梅津	87	大原	13	貝塚	93		
梅野	87	大藤	87	垣内	61		
梅原	87	大洞	52	海部	96		
梅村	87	大村	12	河内	99		
梅本	87	大室	60,61	甲斐	12,109,111		
浦	45	大森	9	加賀	99		
浦川	45	大山	10	各務	60		
浦島	45	岡	9,54	加賀屋	99		
浦田	45	小粥	85	加賀谷	99		
江頭	100	岡崎	9,54	香川	92		
江口	11,101	岡沢、岡澤	54	垣内	61		
越後	99	小笠原	10,14,69	柿崎	88		
越後屋	99	岡田	6,87	柿田	88		
越後谷	99	緒方	13,106	柿原	88		
江藤	108	岡野	12,54	柿本	88		
衛藤	108	岡林	96,97	籠	77		
榎	89	岡部	11	笠井	14		
榎木	89	岡村	10,54	笠原	12		
榎本	11,89	岡本	6,54,77,79,85	笠松	86		
江端	80	小川	6	飾	77		
海老	77	荻野	13	菓子	77		

梶	89	軽部	98	北別府	57
梶川	89	河合	10,40,64	北村	8,78
柏倉	89	川合	40	吉川	69
梶田	89	川井	40,46	城戸	98
梶谷	89	川勝	70	鬼頭	64,101
梶原	89	川上	8,80	紀藤	102
鹿島	92	川口	8,41	木下	7
梶本	89	河口	41	木原	14
梶山	89	川越	110	金	31
柏	89	川崎	8,40	木村	6,19,31,69,71,110,115
柏木	14,89	川下	80	吉良	68
柏倉	89	川島	10,50	桐谷	89
柏崎	89	川嶋	50	桐野	89
柏原	89	河島	50	桐原	89
梶原	14,89	河嶋	50	桐村	89
加瀬	42	川田	12	桐谷	89
片岡	9,96	河内	99	桐山	89
片桐	14	川名	42	金城	14,114,115
刀谷	99	河野	10,72,88,108,109,111	金田一	34
片山	9	川野	14,108	区	62
勝部	82	川端	12,80,81	阮	33
勝又	62	川畑	14,113	九鬼	101
勘解由小路	63	河端	80	久下	74
加藤	6,25,27,33,41,45,47,55,60, 61,63,64,65,67,102	川原	12,41	草場	100
香取	42,67	河原	14,40	具志堅	74
門脇	80,81	川部	41	楠田	89
金井	11	河部	41	楠	89
鼎	77	川辺、川邊	41	楠木	89
金沢、金澤	11	河辺、河邊	41	楠瀬	96
金持	73	川村	9,97	楠本	89
金持	73	河村	10,88,89	工藤	7,18,19,25,103,108,109
金山	55	川本	13,41,86	国頭	80
金子	7	河本	41	久保	7,54
金持	73	瓦	77	久保田	8,14,54
兼重	88	河原	40	窪田	13,54
金田	12,55	神田	11,59	熊谷	9,66
金持	73	菅野	10,29	熊谷	66
鹿野	92	管野	10	熊谷	66
加納	14	紀	62	熊木	92
壁	77	喜	62	熊切	92
鎌田	9	記	62	熊倉	92
神	18	菊池	7,8,20,21	熊崎	92
上島	50	菊地	7,20	熊沢	92
上条	56	岸	12,51	熊田	92
上村	13,14	岸上	51	熊谷	66
神谷	11,64	岸川	100	熊野	92
神吉	74	岸田	51	公文	96,98
亀井	13	岸下	51	倉	51
鴨井	93	岸本	11,51,74	倉田	14
鴨川	93	北	78	倉持	30
鴨志田	93	北川	10,68,69,78	倉本	51
鴨田	93	北島	14,78	栗栖	88
金持	73	北嶋	78	栗田	13,88
唐沢	58	北出	49	栗林	88
ガルシア	32	北野	13,78	栗原	9,88
		北原	13	栗本	88

栗山	88
クルーズ	33
黒井	82
黒川	12,82
黒木	12,110,111
黒木	110,111
黒坂	82
黒沢、黒澤	12
黒田	9
黒柳	48
桑岡	87
桑田	87
桑名	87
桑野	87
桑原	10,87
桑山	87
郡司	98
軍司	98
下司	98
犬童	95
小池	8
小泉	10,46,53
小出	14
鯉沼	93
鯉淵	93
郷	57
香西	73
糀	77
郷司	98
幸田	83
合田	92
河内	99
上月	74
河野	9,72
古賀	10,98,99,101
小粥	85
古川	18
五鬼上	101
国分	28
小坂	14
小阪	14
小沢	42
輿石	56
小島	7,50
五島	74
古城	61
小杉	86
後田	81
小竹	87
小谷	13,52,80
児玉、兒玉	10,111
五反田	49
牛膓	95
後藤	6,27,61,102,108,109
五島	74
小西	9

近衛	19
小林	6,17,31,33,39,41,43,45,47,49,53,55,57,58,59,67,73,75,81,85
駒井	91
駒形	91
小牧	91
駒崎	91
駒沢	91
駒田	91
小松	8,86,97
小松崎	86
小松原	86
駒場	91
小間物谷	99
五味	56
米	77,99
米田	48,76
米谷	99
米谷	99
小森	13
小柳	89
小谷野	40
小山	8
五郎丸	49
今	11
金	11
昆	11
近	11
紺	77
ゴンサレス	32
紺谷	99
近藤	6,65,91,102
今野	11
紺野	11
金野	11
近野	11
昆野	11
紺屋	99
紺谷	99

さ

雑賀	78
税所	98
西条	56
財前	80
斎藤、齋藤	6,16,19,23,25,27,29,31,33,39,41,43,45,47,54,55,103
斉藤、齊藤	6,16,25,49
佐伯	12,50
佐衛門三郎	63
酒井	7,51
坂井	10
坂上	80
坂上	80
榊	89

榊田	89
榊原	12,71,89
坂口	10
阪口	10
坂下	80
坂田	10
坂本	6,79,107
坂元	112
佐久間	11,14,42
桜井、櫻井	7,88
桜木	88
桜田	88
桜庭	88
迫	52
迫田	52
佐々木	6,14,17,19,21,23,25,55,71,83,87
佐藤	6,16,17,19,21,23,24,25,26,27,29,30,31,33,39,41,43,45,47,49,57,59,61,63,65,85,87,90,91,99,103,108,109,111
真田	69
佐野	7,57,63
佐村河内	49
鮫島	112
申賀	95
猿田	26
申田	95
申谷	95
猿渡	92
沢、澤	42
沢田、澤田	8
猿渡	92
沢辺、澤辺	42
沢部、澤部	42
沢村	42
三条	56
サントス	32,33
三本杉	86
志位	89
四位	89
椎木	89
椎名	42,89
椎葉	75,89
椎原	89
塩見	70
四方	70
鹿田	92
鹿野	92
四鬼	101
地蔵	77
七条	56
品川	66
篠崎	13,32
篠田	14
篠原	9
芝池	72
柴田	7

渋谷、澁谷	11
渋谷、澁谷	11
島	50
嶋	50
鳶	50
島岡	50
島崎	14
島田	8
嶋田	13
島津	75
島袋	115
清水	6,39,51,53,57,59
志水	53
志村	14,56
下田	13
下村	13
釈	100
庄司	12,98
庄子	22
荘司	98
東海林	98
ジョーンズ	30
ジョンソン	30
白井	11
白石	10
白神	84,98
白神	84
白川	14
白鳥	95
白水	98
シルヴァ	32
白井	82
白水	98
白坂	82
白崎	54
白谷	82
白鳥	95
白山	82
城山	61
新開	49
新木	49
新庄	57
進藤	34
陣内	100
神保	66
酢	77
水津	88
水門	77
須恵	96
陶	96
末松	86
須賀	40
菅野	10
菅原	8,21,23,71
杉	86
杉浦	10,64,86

杉江	86
杉岡	86
杉崎	86
杉沢	86
杉田	12,86
杉谷	86
杉野	86
杉原	14,86
杉村	86
杉本	7,62,86
杉森	86
杉山	7,62,63,86
村主	98
菅野	10
鈴木	6,16,17,21,23,25,27,29,30,31,33,38,39,41,43,44,45,47,48,49,57,61,62,63,64,65,67,78
鈴野	46
須田	12
周藤	102
須藤	9,102
須之内	41
洲之内	41
角	80
鷲見	95
スミス	30
瀬	62
清宮	42
関、關	8,46
関口、關口	10,46
関根、關根	10
関山	46
世古	66
瀬戸	14
瀬戸口	112
妹尾	84
世良	72
鼠入	94
相馬	13
副島	100
外山	81
園	55
園田	13
梵	100
空河内	49

た

田	62
大工	77
大正寺谷	63
田井中	68
平良	115
田尾	39
高井	13
高木	7

高桑	87
貴志	78
高島	13
高杉	86
高瀬	13
高田	7
鷹司	19
鷹取	93,95
小鳥遊	43,44
高梨	44
高野	8
鷹野	93,95
高橋	6,17,19,20,21,23,24,25,27,29,31,33,38,39,41,43,45,47,49,59,61,71,73,83,87,93,94,95,97,109
高比良	102
高松	14
鷹見	93
田上	48
高柳	89
高山	9
宝田	83
滝、瀧	42
滝口、瀧口	42
滝沢、滝澤、瀧澤、瀧沢	11,48,58
滝村、瀧村	42
滝山、瀧山	42
田口	8,60
武井	13,87
竹井	87
武石	87
竹内	7,87
武内	87
竹川	87
竹沢、竹澤	87
竹下	12,87
竹島	87
武田	7,67,87
竹田	10,87
竹谷	87
竹中	12,87
竹野	87
竹之内	87
竹林	87
竹原	87
竹村	13,87
竹本	13,87
竹森	87
竹谷	87
竹山	87
武山	87
田島	11,40
田代	11
多田	10,70,93
館	61
舘	61

巽	76,79
辰己	76,79,95
辰巳	76,79,95
伊達	64
田中	6,17,19,20,21,41,43,45,47,48, 51,53,55,57,59,61,65,67,69,71,72, 73,75,77,79,81,83,85,87,89,91,93, 95,99,101,103,107,111,113
多中	48
田仲	48
田辺、田邊、田邉	9,97
田部	97
谷	11,52
谷川	13,52
谷口	7,52,79,81
谷崎	52
谷田	52
谷藤	87
谷村	52
谷本	14,52
田沼	67
田上	48,106
田ノ上	48
田畑	14,55
田端	80
田原	13
旅	77
田部	97
玉置	70
玉置	70,78
玉城	115
玉田	74
田村	7
太郎丸	49
丹野	22
崔	31
近田	81
千田	20
千葉	7,14,21,23,67
茶木	88
茶谷	88
張	31
陳	33
鄭	31
陳	31
津	62
塚田	12,54
塚野	54
塚原	54
塚本	11,54
津軽	65
辻	8,57
辻岡	57
辻原	57
対馬	18
辻村	57

辻本	76
津田	11
土田	12,48
土屋	8
筒井	13
堤	12,41
角田	13
坪井	56
坪内	56
坪田	56
四月一日	90
露木	46
釣	77
津留	40
鶴	40,93
鶴川	40
鶴岡	42,93
鶴田	13,93
鶴野	93
鶴見	93
テイラー	30
デービス	30
出口	13,66
手塚	14
寺川	59
寺下	59
寺園	59
寺田	10,59
寺前	80
寺本	59
都	62
土井	11,61
土居	61
東海林	98
峠	39
東条	56
遠田	81
遠山	68
富樫	68
時岡	54
徳田	14
徳大寺	19
徳永	12
土倉	98
所	60
土志田	46
戸田	11
土手	41
轟	42
轟木	42
刀根	98
刀禰	98
刀祢	98
戸部	97
富田	10
冨田	14

富永	13
外山	81
豊田	10
寅野	94
寅丸	94
寅本	94
寅谷	94
鳥居	95
鳥飼	97
鳥越	38,39
鳥越	38,39
鳥越	38,39
鳥越	38,39

な

那	62
内藤	9,103
中	79
中井	10
永井	8
中尾	10
長尾	11
長岡	13
臥龍岡	43,44
中川	6,51,53,69,79,91
中沢、中澤	10
長沢、長澤	12
中島	6,39,101
中嶋	11
長島	13
中田	8,79
永田	9
長田	13
中武	110
中谷	12,79
長友	110,111
中西	8,76
中野	6
永野	13
長野	13,14
中林	79
中原	11
中平	96
永松	86
中牟田	41
中村	6,17,19,31,41,43,45,47,51,53, 55,59,67,69,71,73,75,77,79,81,87, 89,93,99,101,103,107,111,113,114
中本	14
中森	66
中谷	79
中山	7
名小路谷	99
灘	77
名取	56

鍋谷（なべたに）	99
鍋谷（なべや）	99
鱠谷（ますや）	99
波（なみ）	77
奈良井（ならい）	89
楢岡（ならおか）	89
奈良岡（ならおか）	89
楢崎（ならさき）	89
楢原（ならはら）	89
成田（なりた）	9,19
鳴海（なるみ）	45
成海（なるみ）	45
成見（なるみ）	45
縄田（なわた）	88
南条（なんじょう）	56
難波（なんば）	84
新倉（にいくら）	46
二階堂（にかいどう）	66
西（にし）	10,78
西尾（にしお）	11,60
西岡（にしおか）	12,78
西垣（にしがき）	74
西川（にしかわ）	8,78
錦織（にしおり）	96
錦織（にしこおり）	82,96
錦織（にしこり）	96
錦織（にしごり）	96
西沢、西澤（にしざわ）	12,58,78
西田（にしだ）	8,78
西出（にしで）	49
仁科（にしな）	84
西野（にしの）	12
西原（にしはら）	14
西別府（にしべっぷ）	57
西堀（にしぼり）	68
西牟田（にしむた）	41
西村（にしむら）	6,69,71,78,81,89,97
西本（にしもと）	12
西森（にしもり）	96
西山（にしやま）	9,78
新田（にった）	12,49
蜷川（にながわ）	68
二宮（にのみや）	13
丹羽（にわ）	13
沼田（ぬまた）	14
根岸（ねぎし）	14,38
猫田（ねこた）	93
子島（ねじま）	94
鼠尾（ねずお）	94
鼠田（ねずみた）	94
鼠谷（ねずみたに）	94
鼠淵（ねずみふち）	94
子出藤（ねでふじ）	94
子野日（ねのひ）	94
根本（ねもと）	10,28,30,31
野（の）	62

野口（のぐち）	7,48
野崎（のざき）	12
野沢、野澤（のざわ）	13,32
野田（のだ）	9
野津（のづ）	82
野中（のなか）	12,48
野原（のはら）	48
申原（のぶはら）	95
野村（のむら）	7

は

場（ば）	62
萩谷（はぎたに）	89
萩野（はぎの）	89
萩原（はぎはら）	89
萩山（はぎやま）	89
萩原（はぎわら）	10,89
朴（バク）	31
土倉（はぐら）	98
硴（はま）	78
橋田（はしだ）	60
橋本（はしもと）	6,29,60
橋元（はしもと）	60
長谷川（はせがわ）	6,14,48,49,71
長谷部（はせべ）	98
畑（はた）	55
畠（はた）	55
畑田（はたけだ）	55
畠田（はたけだ）	55
畠山（はたけやま）	11
畑中（はたなか）	14,55
畑本（はたもと）	55
八軒（はちけん）	34
服部（はっとり）	8,96
花田（はなだ）	14
塙（はなわ）	54
羽生（はにゅう）	55
羽田（はねだ）	55
羽根田（はねだ）	55
馬場（ばば）	8,91,95
土生（はぶ）	55
羽生（はぶ）	55
浜口、濱口（はまぐち）	13,45
浜崎、濱崎（はまざき）	14
浜田、濱田（はまだ）	7,97,113
浜野、濱野（はまの）	14
早川（はやかわ）	9,64
早坂（はやさか）	22
林（はやし）	6,51,53,61,69,79,89,91
林田（はやしだ）	13,102
林原（はやしばら）	53,80
原（はら）	7,48,83
原口（はらぐち）	14
原田（はらだ）	7,88,89
張替（はりがえ）	49

播磨（はりま）	99
播磨屋（はりまや）	99
播磨谷（はりまや）	99
春田（はるた）	49
春名（はるな）	74
番匠（ばんしょう）	99
坂東（ばんどう）	90
板東（ばんどう）	90
比嘉（ひが）	14,115
東（ひがし）	10,24,78,113
東上別府（ひがしかみべっぷ）	63
東三条（ひがしさんじょう）	63
東野（ひがしの）	72
東坊城（ひがしぼうじょう）	63
東四柳（ひがしようやなぎ）	63
樋口（ひぐち）	8
久松（ひさまつ）	86
日高（ひだか）	12,111
尾藤（びとう）	102
日根野谷（ひねのや）	99
日野（ひの）	14
百武（ひゃくたけ）	100
平井（ひらい）	9
平岡（ひらおか）	14
平川（ひらかわ）	13
開（ひらき）	49
平田（ひらた）	8
平野（ひらの）	7,48
平松（ひらまつ）	13,84
平山（ひらやま）	10,38,102
昼間（ひるま）	85
広沢、広澤（ひろさわ）	42
広瀬、廣瀬（ひろせ）	8
広田、廣田（ひろた）	12,49
弘田（ひろた）	49
弘中（ひろなか）	88
ファン	29
フェルナンデス	32
深沢、深澤（ふかさわ）	12,56,57
深堀（ふかぼり）	102
府川（ふかわ）	46
福井（ふくい）	9,14
福岡（ふくおか）	13,14
福士（ふくし）	18
福島（ふくしま）	8,14
福田（ふくだ）	6,33,83
福永（ふくなが）	13
福西（ふくにし）	76
福原（ふくはら）	14
福本（ふくもと）	12
福山（ふくやま）	14,83
藤（ふじ）	87
藤井（ふじい）	6,85,86,87,89
藤江（ふじえ）	87
藤枝（ふじえだ）	87
藤尾（ふじお）	87

藤岡	12,87
藤川	12,87
藤木	87
藤倉	87
藤崎	87
藤沢、藤澤	12,87
藤島	87
藤代	87
藤田	6,87
藤谷	87
藤永	87
藤野	13,87
藤原	87
藤平	87
藤村	12,87
藤本	7,87,89
藤森	87
藤谷	87
藤山	87
藤原	7,19,74,75,83,85,87
二見	46
船越	45
舟越	45
舟橋	60,64
船橋	60
ブラウン	30
古井	46
古川	8
古城	61
古沢、古澤	14
古田	12,60
古館	61
古舘	61
古屋	56,57
風呂	77
風呂谷	99
別府	57
戸来	105,106,109,110,112,113,114,115,116
ベルナール	29
ペレイラ	32
帆	62
坊	56
宝田	83
坊田	56
坊野	56
星	11
星野	9,27,39
星野黒	27
細貝	93
細川	11
堀田	13,49
八月一日	90
八月朔日	90
洞	52

洞口	52
堀	9,61
堀内	11,56,61
堀江	12,61
堀川	13,61
堀河	61
堀口	14
堀田	50
本多	11
本田	8,49
本間	9

ま

前川	11,80
前坂	80
前田	6,44,55,75,79,80,81,103,107,113
前原	80
前山	80
牧	91
牧野	10,54
増田	7
町田	12
松井	7,86
松浦	8,74,86
松尾	7,86,98,99,101,103
松岡	8,86
松川	86
松木	86
松倉	86
松坂	86
松崎	11,86
松沢、松澤	14,86
松下	8,86
松島	12,86
松田	6,86,114
松平	68
松谷	86
松永	10,86
松野	14,86
松橋	86
松葉	86
松林	86
松原	9,86
松藤	86,87
松丸	86
松宮	86
松村	9,86
松本	6,33,53,71,73,75,77,79,81,83,86,93,95,103,107
松元	86,112,113
松谷	86
松山	12,86
松浦	74
マルタン	29

丸山	7,59
三浦	6,25
三上	11,19
三河屋	99
三木	12
三鬼	101
右田	72
岬	45
三崎	45
水谷	10
水谷	10,66,67
水野	8,60,65
水谷	10
三隅	72
溝口	13
三谷	14
三田村	54
御手洗	59
御手洗	59
薬袋	43,44
南方	78
港	45
湊	45
南	9,52,78
南浦	76
南里	100
南坊城	63
箕浦	71
巳亦	95
宮内	13
宮川	11,59
宮城	13,14,115
三宅	9,73,84,85,97
宮崎	7,14
宮沢、宮澤	12,58,59
宮下	10,59
宮田	9,59
宮武	92
宮原	13
深山	42
宮前	80
宮本	7,59,79
宮脇	81
ミューラー	29
三好	11,73,93
ミラー	30
三輪	13
ムーア	30
向井	12
無着	100
蒸	77
牟田	41
牟田口	41
無敵	84
武藤	10,103

村井	12
村上	6,87,95,107
村瀬	14,60
村田	7
村松	11,86
村山	10
室井	60
室田	60
室山	60
メイヤー	29
最上	64
茂木	38
望月	9,57,63
茂木	38
森	6,53,67,91,93,103
森岡	14,53,96
森川	11
森木	53
森口	53
森沢、森澤	53
森下	10,53
森田	7
森中	53
森野	53
森村	53
森本	8,76,77
守屋	84
森山	11,53
森脇	81,82

や

八重樫	20
八木	10,14
柳沼	28,89
矢島	14
安井	12
安岡	96
安田	8
安武	98
安永	98
谷内	41
谷地	41
谷津	41
柳井	89
柳川	89
柳	89
柳沢、柳澤	12,58,59,89
柳田	13,89
柳谷	89
柳原	89
柳本	89
柳瀬	89
矢野	8,41
矢作	96

山内	8,38,54
山岡	13
山上	80
山川	12,38
山岸	12,51,80
山口	6,14,39,67,73,99,101,102,103,113
山崎	39
山崎	6,39,51,53,96,97
山地	92
山下	6,38,53,80,93,103,107,111,113
山科	19
山城	115
山田	6,38,49,51,53,55,61,63,65,69,71,73,75,77,81,91
山中	8,38,97
月見里	43,44
山根	11,38,80,81,83
山端	80
山村	13,38
山本	6,38,51,53,55,63,65,67,69,71,72,73,75,77,79,81,83,85,86,87,89,91,93,95,97,99,103,107
山元	112
山脇	81
湯	62
湯浅、湯淺	13
湯川	78
弓削	96
遊佐	64
由利	64
与	62
横井	13,81
横江	81
横川	81
横倉	81
横田	9
横塚	81
横野	81
横浜	65
横村	81
横山	7
吉井	14
吉岡	8,70
吉川	8,83
芳川	83
吉沢、吉澤	12
吉田	6,17,29,31,39,51,53,55,71,73,75,77,83,91,99,101,103,107
芳田	83
吉野	10,83
芳野	83
吉原	13,83
芳原	83
吉松	86

吉村	8,83
芳村	83
吉本	12
米	77
米田	12,48
米原	80
米山	14

ら

李	31
劉	31
黎	33
レジェス	33
ロッシ	29

わ

和賀	65
若杉	86
若林	11
若松	86
脇川	81
脇田	81
脇野	81
脇村	81
脇山	100
涌井	53
鷲尾	93,95
鷲田	93,95
鷲津	95
鷲野	93,95
鷲見	95
鷲山	93
綿	77
和田	7,104
渡辺、渡邊、渡邉	6,17,23,27,28,29,31,33,41,43,45,47,49,56,57,61,63,65,70,85,94,95,99,104,107,109
渡部	8,28,29,83,94,95
四月一日	90
四月朔日	90
渡部	70,104
王	31
椀田	104
椀平	104
湾洞	104
湾野	104
分目	104

［監修者］**森岡浩**（もりおかひろし）
1961年高知県生まれ。姓氏研究家。早稲田大学政経学部卒業。学生時代から独学で名字の研究をはじめる。長い歴史をもちながら、不明なことも多い名字の世界を、歴史学や地名学、民俗学などさまざまな分野から多角的なアプローチで追求し、文献だけにとらわれない実証的研究をつづけている。おもな著書に『知っておきたい日本の名字』（柳出版社）、『全国名字大辞典』（東京堂出版）、『なんでもわかる日本人の名字』（朝日文庫）、「あなたの知らない名字の秘密」シリーズ（洋泉社歴史新書）、『名字でわかる あなたのルーツ』（小学館）、監修に「名字のひみつ」シリーズ（フレーベル館）などがある。公式サイト https://office-morioka.com

［編著者］**長谷川未緒**（はせがわみお）
東京外国語大学卒業。出版社勤務を経て、フリーランスに。
児童書のほか、暮らしまわりの書籍や雑誌の編集、執筆を手がける。

［イラストレーター］
赤池佳江子（あかいけかえこ）
金沢美術工芸大学卒業。唐仁原教久氏に師事。雑誌のイラストや書籍の装画などを手がける。
絵本に『そだててあそぼう ビワの絵本』（農文協）がある。

たはらともみ
青山学院女子短期大学卒業。OLを経て、イラストレーターに。子ども関係の挿絵を中心に活動。
絵本に『おひさまのおうさま』（教育画劇）などがある。

パント大吉（ぱんとだいきち）
イラストを描きながら、音楽パフォーマンスで講演活動も行なっている。
著書に『猫と笑ってみことば』（いのちのことば社）など。

［おもな参考文献］
『名字でわかる あなたのルーツ』（森岡浩著 小学館）、『少しかしこくなれる名字の話』（森岡浩著 笠倉出版社）、『ルーツがわかる名字の事典』（森岡浩著 大月書店）、『名字の謎』（森岡浩著 ちくま文庫）、『全国名字大辞典』（森岡浩編 東京堂出版）、『日本名字家系大辞典』（森岡浩編 東京堂出版）、『日本名門・名家大辞典』（森岡浩編 東京堂出版）、『難読・稀少名字大事典』（森岡浩 編 東京堂出版）、『角川日本地名大辞典』（角川日本地名大辞典編纂委員会、竹内理三 角川書店）、『日本歴史地名大系』（平凡社）、『地名用語語源辞典』（楠原祐介 溝手理太郎 編 東京堂出版）、『古代地名大辞典』（角川出版）、『苗字と地名の由来事典』（丹羽基二 新人物往来社）、『難読姓氏・地名大辞典』（丹羽基二 新人物往来社）

2018年8月31日　第1刷発行

監　修	森岡浩
編　著	長谷川未緒
発行者	中村宏平
発　行	株式会社ほるぷ出版
	〒101－0051　東京都千代田区神田神保町 3－2－6
	電話 03-6261-6691　FAX 03-6261-6692
印　刷	共同印刷株式会社
製　本	株式会社ブックアート

［イラスト］赤池佳江子、たはらともみ、パント大吉
［ブックデザイン］西田美千子

ISBN978-4-593-58779-7／NDC384.4／128P／277×210mm
Printed in Japan

乱丁・落丁がありましたら、小社営業部宛にお送りください。
送料小社負担にてお取り替えいたします。